fique por dentro da

INTERNET

Fique por dentro da

INTERNET

JERRY GLENWRIGHT

Cosac & Naify

Título original em inglês: *Get a Grip on the Internet*

Direitos para publicação no Brasil adquiridos por
Cosac & Naify Edições Ltda.
Rua General Jardim, 770 2.º andar
Santa Cecília CEP 01223-010 São Paulo - SP
T (55 11) 255 8808 F (55 11) 255 3364
info@cosacnaify.com.br

Este livro foi concebido, projetado e produzido por The Ivy Press Limited, 2-3 St Andrews Place Lewes, East Sussex BN7 1UP, Inglaterra
Diretor de arte: Peter Bridgewater
Designer: Angela English
Editor: Peter Leek
Ilustrações: Andrew Kulman

Tradução: Cássio Arantes Leite
Revisão técnica: José Roberto Milney, editor científico da Infomed e consultor de livros sobre Internet.

Catalogação na Fonte do Departamento Nacional do Livro
Fundação Biblioteca Nacional

Glenwright, Jerry
Fique por dentro da Internet
Título original: *Get a Grip on the Internet*
São Paulo, Cosac & Naify Edições 2001

ISBN 85-7503-037-x
CDD: 507/375.500
1. Ensino da Ciência 2. Estudo da Ciência
3. Ensino da Ciência na escola secundária

Impresso em Hong Kong para Cosac & Naify Edições, em 2001.

SUMÁRIO

INTRODUÇÃO

A FONTE DE TODO CONHECIMENTO

* A Internet é a maior revolução nas comunicações humanas desde que o grunhido evoluiu para uma frase completa. Tão importante para a maneira pela qual compartilhamos informações quanto a evolução da laringe, é uma revolução que está ocorrendo bem agora, à nossa volta. Samuel Johnson disse que há dois tipos de conhecimento: conhecemos um assunto diretamente ou sabemos onde encontrar informações sobre ele. Pois, pela primeira vez na história do empreendimento humano, é possível encontrar informações sobre praticamente qualquer assunto, a qualquer momento, de dia ou de noite, de sua própria casa, escola ou escritório. Onde? Na Internet.

O GÊNIO DESENGARRAFADO

informação é poder

* *Desde tempos antigos, a informação tem sido uma força poderosa,* seja nas mãos de políticos, seja na de gente comum. Enquanto o grosso da humanidade perambulava por aí se perguntando de onde viria a próxima refeição, um ou dois de nossos ancestrais mais imaginativos sonhavam com sociedades com livre acesso à informação e com o poder que isso traria – embora a idéia de acessar a base do conhecimento mundial a partir de qualquer lugar do planeta usando um simples terminal, para não falar de um computador de bolso portátil, teria sido encarada como ficção científica impossível e extravagante até mesmo há apenas uma década.

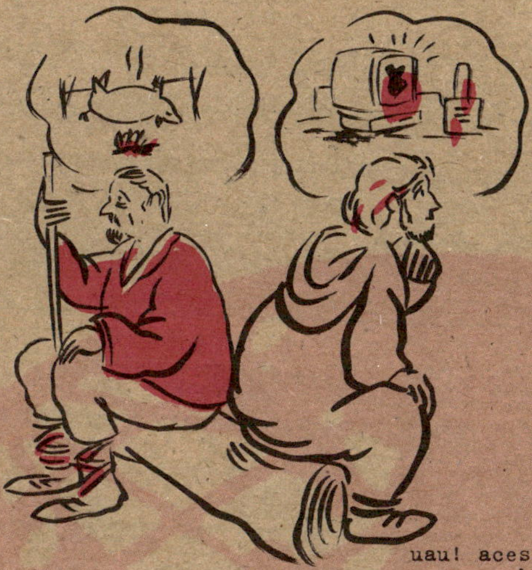

PELO PREÇO DE UMA LIGAÇÃO TELEFÔNICA

★ A chegada da era do computador alterou radicalmente nossa capacidade de acessar informação, e o advento da rede de computadores – inúmeros computadores interligados, de modo a se comunicarem e trocarem dados – aumentou essa capacidade de modo exponencial. Uma rede em particular, a internet, uma "super-rede" global, mudou tanto a maneira de nos comunicarmos que nossas vidas nunca mais serão as mesmas.

★ *Essa super-rede, ou "supervia da informação", é uma rede mundial de redes de computadores interconectados,* que oferece àqueles que a acessam uma verdadeira avalanche de conhecimento sobre qualquer tema sob o sol, além da possibilidade de se comunicar quase instantaneamente com qualquer outra pessoa conectada à Internet em qualquer lugar da Terra, em geral pelo preço de uma ligação telefônica local.

PALAVRAS-CHAVE

COMPUTADOR:
máquina capaz de processar dados rapidamente.

SUPERVIA DA INFORMAÇÃO:
uma rede conceitual de informação global, cuja materialização é a Internet.

INTERNET:
uma rede de redes menores que cobre o globo, de limites imprecisos, sem censura e sem regras.

REDE:
dois ou mais computadores ligados entre si para permitir que se comuniquem.

Nomes diferentes, a mesma coisa

Neste livro, as palavras "computador", "máquina" e "sistema" são usadas indiscriminadamente. Bem como "login" e "logon".

O QUE É A INTERNET?

A Internet não é uma rede de computadores, mas uma rede de redes de computadores, todos interconectados, ou "internetados".

siglas demais

Uma pletora de siglas

A história da Internet é uma história de triunfo técnico e um delicado equilíbrio entre política, verbas e pessoas visionárias. É também a história da maior quantidade de siglas que é possível enfiar em um só livro. Grupos de trabalho, comissões e equipes de pesquisa tiveram todos seu papel, e cada um conta com uma sigla bem difícil de lembrar.

DEMOCRÁTICA E UNIVERSAL

Utilizando um simples computador, uma linha de telefone doméstica e uma conexão barata (ou gratuita), qualquer um pode acessar a Internet. O que antes era um território guardado com ciúme por governantes e acadêmicos está agora firme nas mãos do povo.

A PRÉ-HISTÓRIA DA INTERNET

★ Há uma história amplamente aceita segundo a qual os militares americanos inventaram a Internet numa tentativa de planejar uma rede de comunicações capaz de sobreviver a um ataque nuclear. Isso é uma distorção dos fatos – mas essa busca por aumento da informação e comunicações seguras realmente teve um papel na deflagração da revolucionária Internet.

UMA REVOLUÇÃO

★ Desde a aurora do computador digital, cientistas têm tentado espremer suas criações de silício até a última gota de capacidade. Mas foi somente quando eles começaram a explorar as possibilidades de COMPARTILHAR seus recursos computacionais limitados que uma autêntica revolução na capacidade teve início.

a informação agora está nas mãos do povo

cientistas

compartilhar foi a chave do sucesso

Rápido demais?
Uma lei fundamental da computação estabelece que a capacidade do hardware sempre permanece vários passos atrás do potencial do software. Em outras palavras, é muito mais fácil para os programadores escrever um software fantasticamente complexo do que é para os engenheiros desenhar um hardware capaz de rodá-lo com eficácia.

★ *O predecessor da rede de computadores foi o computador de tempo compartilhado (time-sharing).* Para contornar o problema do acesso limitado, os cientistas bolaram um meio de repartir um computador entre diversos usuários, dando a cada um deles como que um acesso exclusivo, maximizando, desse modo, recursos limitados.

PALAVRAS-CHAVE

HARDWARE:
o corpo físico de um computador (circuitos, tela, teclado etc.).
SOFTWARE:
os programas usados para controlar um computador.
TERMINAL:
um monitor e um teclado sem processador interno, usados para acessar um computador remoto.
TIME-SHARING:
a divisão do tempo de processamento de um computador entre vários terminais vinculados, de modo que cada usuário sinta ter acesso exclusivo.

COMPARTILHAR, REPARTIR...

★ Com o time-sharing, os terminais – uma tela e um teclado sem processador interno – são conectados a um computador remoto e cada um está apto a manter uma comunicação de mão dupla com o computador remoto por meio de uma conexão física. Cada terminal recebe uma pequena fatia do tempo do processador de cada vez e, como computadores processam a informação com relativa rapidez, os usuários têm a ilusão de que cada um desfruta sozinho das vantagens do computador. O time-sharing provou ser um grande sucesso.

ENTRE NA TURMA

★ O próximo passo para melhorar o desempenho foi o conceito de uma rede de computadores – máquinas em time-sharing conectadas umas às outras, que permitissem aos usuários acessar os dados armazenados em um computador remoto, enviar mensagens entre si e interagir e trocar informações livremente.

os cientistas perceberam que computadores poderiam ser usados para comunicação

PALAVRAS-CHAVE

ARPA: sigla em inglês para Agência de Projetos de Pesquisa Avançada (Advanced Research Projects Agency), um órgão público americano destinado a prover fundos para projetos científicos privados.

LOGIN/LOGON: processo de notificar um servidor de sua presença, em geral fornecendo o nome e a senha do usuário.

REDE: um ou mais computadores ligados entre si e capazes de se comunicar.

UM BOM IMPULSO INICIAL

★ Mas a idéia de uma rede de computadores ganhou impulso quando os cientistas da computação começaram a perceber de que maneira usuários de sistemas em time-sharing ***espontaneamente se juntavam em comunidades não oficiais***, compartilhando não só os recursos dos computadores como também a experiência de se conectar e usar a rede.

★ Uma guinada significativa no modo de se perceber as máquinas ocorreu. Se anteriormente os computadores eram pensados como simples engenhos aritméticos úteis para resolver complexos problemas de matemática e engenharia, agora cientistas da computação, psicólogos e outras cabeças começavam a perceber que as máquinas poderiam ser utilizadas como meio de comunicação.

COMUNAS DEBAIXO DA CAMA

★ Em 1957, a União Soviética, tida pelos americanos como uma força comunista agressiva e todo-poderosa, uma eterna ameaça de subjugar o mundo "livre", conseguiu pôr em órbita o primeiro satélite não natural, o Sputnik. A notícia caiu como uma bomba no mundo ocidental – principalmente nos Estados Unidos, onde a PARANÓIA com a "ameaça comunista" estava no auge.

★ O lançamento levou o presidente americano Eisenhower a determinar que o Departamento de Defesa estabelecesse uma série de novas agências governamentais, incluindo a que mais tarde se transformaria na NASA e – muito importante para a história da Internet – a ***Advanced Research Projects Agency*** (ARPA).

★ O objetivo dessas organizações era buscar e subsidiar o que havia de melhor em pesquisa nas empresas americanas e instituições acadêmicas operando na linha de frente da ciência.

★ O fim da década de 50 revelou-se uma era dourada para a pesquisa nas universidades americanas e nas comunidades P&D (de pesquisa e desenvolvimento), com os dólares dos militares jorrando livremente. No Instituto de Tecnologia de Massachusetts (MIT), novos laboratórios como o Lincoln, dirigidos à pesquisa com computadores, eram construídos, departamentos inteiros, criados, e milhares de estudantes de graduação, treinados em vários cursos técnicos de ciência – incluindo a nova disciplina, a CIÊNCIA DA COMPUTAÇÃO.

Interesses comerciais

Depois de se formar, muitos estudantes do MIT deram início a pequenas companhias especializadas. Em período relativamente curto, empresas high-tech começaram a pipocar nos arredores do campus do MIT, em Cambridge, Massachusetts. Uma dessas empresas, a BBN (Bolt, Beranek e Newman), fundada por três engenheiros acústicos formados no MIT, estava destinada a desempenhar um importante papel no desenvolvimento da ARPAnet, precursora da atual Internet. A companhia empregou muitos estudantes do MIT e de Harvard, ganhando o título de "terceira universidade de Cambridge".

fique de olho em chapéus de cossacos

tenho certeza de que isso pode funcionar

A PRIMEIRA WAN

★ O crescente pavor de sofrer um ataque do bloco soviético levou inúmeros pesquisadores da RAND Corporation, um *think-tank* ("tanque de pensamento") governamental, voltado para a defesa, a trabalhar para proteger essas linhas de comunicação, se um ataque nuclear ocorresse.

PRETÉRITO PERFEITO

usar linhas públicas de telefones era lento e caro

★ ***Lawrence (Larry) Roberts***, pesquisador subsidiado pela ARPA que trabalhava no Lincoln Lab, do MIT, já expandira os limites das redes de computadores ao conectar um mainframe da casa, o TX-2, com outro da System Development Corporation, o Q-32, instalado em Santa Monica, Califórnia, usando uma conexão lenta de linhas telefônicas. ***A primeira rede de área ampla (WAN)*** tornou possível ligar computadores dissimilares em rede a longas distâncias.

★ Antes, algumas tentativas de ligar computadores em rede haviam sido feitas. Os pesquisadores ligavam mainframes não-programáveis (hard-wired) compatíveis, feitos por um mesmo fabricante, e rodavam o mesmo sistema operacional em curtas distâncias, utilizando circuitos de relés e cabos. O processo era lento, delicado e difícil.

PALAVRAS-CHAVE

BLOCK SWITCHING: "quebrar" as mensagens do computador em blocos menores para transmissão numa rede.

MAINFRAME: computador enorme e superespecífico (que nos anos 50 podia encher inúmeras salas)

WAN: Wide-Area Network. Uma rede de computadores que cobre uma área maior do que uma sala, ou talvez um prédio. Em geral descreve uma rede de computadores distribuídos em cidades diferentes.

★ Uma alternativa foi conectar máquinas usando linhas telefônicas públicas, embora o método também fosse ineficiente e caro. É uma característica dos computadores se comunicarem enviando explosões de informação, e a linha entre eles ficava ociosa enquanto o computador receptor a processava. Nessa época, como hoje, as chamadas telefônicas de longa distância eram caras. Tinha de haver uma forma de espremer mais informação em uma conexão e, ao mesmo tempo, assegurar a fidelidade das mensagens que passavam ao longo da rede.

AMEAÇA SEMPRE PRESENTE

Na década de 60, os círculos militares no Pentágono suavam frio ao pensar na possibilidade de um ataque nuclear vindo da União Soviética, e , imaginando que as linhas de comunicação entre os centros de comando por todo o país poderiam ser facilmente cortadas.

O CONCEITO DE NÓ

★ **Paul Baran**, cientista da RAND, teorizava sobre a possibilidade de uma ***rede descentralizada de computadores***, conhecidos como NÓS, cada qual com capacidade de passar uma mensagem para outro nó, utilizando o melhor caminho disponível, e os próprios nós decidindo sobre a melhor rota. Se um nó fosse destruído seria possível reencaminhar mensagens pela rede através de outros nós, assegurando assim que acabassem por atingir seu destino.

★ Baran percebeu, contudo, que a única forma de chegar a isso seria ***reunir as mensagens em blocos e comutá-los (ou enviá-los) independentemente*** aos parceiros. Se um nó se tornasse inoperante, somente um bloco seria perdido e ao menos parte da mensagem conseguiria ir até o fim. O computador receptor seria capaz de detectar o bloco faltante e solicitar sua retransmissão.

os americanos temiam um corte

Ataque em bloco

A rede de computadores com comutação de blocos de Baran atraiu a atenção dos militares e, em 1965, a Força Aérea dos EUA arranjou-lhe subsídios para mais pesquisa. Baran pôs mãos à obra mas, quando os militares insistiram em não só arrumar subsídios como também dirigir o projeto, ele pulou fora.

LINHAS PARALELAS

★ Experimentos similares em comutação de blocos ocorriam paralelamente ao trabalho de Paul Baran, dentro e fora dos EUA. No MIT, o aluno de pós-graduação Leonard Kleinrock publicara o primeiro artigo científico sobre comutação de blocos, como tese de doutorado, em 1961. E, na Inglaterra, cientistas do National Physical Laboratory (NPL) faziam experimentos similares com técnicas de rede, aos quais chamaram de "comutação de pacotes" (*packet switching*).

ponto ponto traço

você está recebendo?

PALAVRAS-CHAVE

LARGURA DE BANDA: o espaço disponível para transmissão de dados.

LAN: sigla em inglês para Rede de Área Local, uma rede de computadores situados num mesmo escritório ou prédio.

COMUTAÇÃO DE PACOTES: técnica de rede, similar à comutação de blocos concebida por Donald Davies.

A REDE NPL

★ Em 1965, o cientista **Donald Davies** – que havia trabalhado ao lado do famoso matemático pioneiro da computação **Alan Turing**, ajudando-o a construir um dos primeiros computadores digitais do mundo com armazenagem de programas, o Pilot ACE – propôs uma rede de comutação de pacotes para o Reino Unido. Mas os fundos providos pelo governo britânico eram bem diferentes

o futuro está na comutação de pacotes

as primeiras redes eram do tipo LAN

dos que os cientistas americanos recebiam. ***O projeto ARPAnet abocanhou cerca de 20 milhões de dólares*** (embora até isso fosse troco miúdo para os padrões de subsídio à defesa), enquanto a pesquisa de Davies captou parcas 120 mil libras (menos de 200 mil dólares).

★ No ano seguinte, Davies viajou aos EUA para uma conferência no MIT, onde pôde debater sobre as novas TEORIAS DE REDE. De volta, levou idéias frescas para construir sua própria rede, deixando para os colegas americanos o termo "PACKET SWITCHING".

★ ***Davies foi bem-sucedido em criar o protótipo de uma rede de comutação de pacotes, chamada de Mark I.*** Contudo, isso estava restrito a computadores dentro do NPL – o que chamamos hoje de "LOCAL-AREA NETWORK" (LAN). Finalmente, ele conseguiu aumentar a velocidade da Mark I e construiu a rede Mark II em 1973. Surpreendentemente, a Mark II sobreviveu até 1986.

O QUE É COMUTAÇÃO DE PACOTES?

"Comutação de pacotes" é uma forma de quebrar mensagens mandadas pelos computadores e reuni-las em pedaços de tamanhos padronizados. Uma mensagem muito grande que não é dividida mantém ocupada toda a banda de uma rede (o "espaço" disponível para comunicação); já pacotes de inúmeras mensagens podem trafegar pela mesma banda e serem reconstruídos no computador receptor, aumentando sua eficiência. Os pacotes também maximizam a fidelidade das mensagens. Se uma delas se perde ou sofre danos, tem de ser retransmitida; se um pacote sofre danos, a maior parte da mensagem ainda consegue chegar.

esta não é a história toda

a mensagem é enviada em partes

UMA NOVA JERUSALÉM

★ Em 1960, o especialista em psicoacústica JCR Licklider – "Lick", para amigos e colegas – publicou um artigo histórico intitulado "Simbiose homem-computador", em que descreveu sua visão dos modos pelos quais, com o tempo, humanos e computadores deveriam, e iriam, interagir. A essência dessa interação seria a capacidade das máquinas para liberar o homem do trabalho excessivo, permitindo-lhe pensar e criar sem restrições. Além disso, os computadores tornariam possível uma comunicação global enormemente aperfeiçoada, capacitando as pessoas a compartilhar idéias e informações com facilidade.

UM MILHÃO DE DÓLARES EM 20 MINUTOS

Robert Taylor entrou no escritório de Charles Herzfeld, seu chefe no Pentágono e, sem dar a ele tempo nem de respirar, vendeu-lhe a idéia de construir uma rede. Uns 20 minutos depois, saiu da sala tendo persuadido Herzfeld a subsidiar o projeto, na faixa de um milhão de dólares.

grana na hora

alívio para o trabalho excessivo seria uma boa

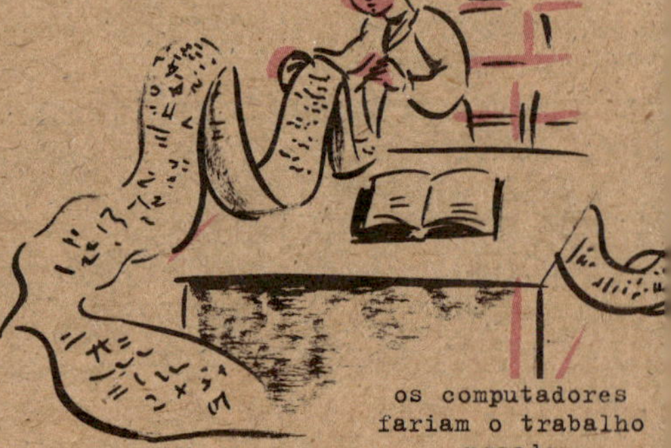

os computadores fariam o trabalho pesado

REVOLUÇÃO GALÁCTICA

★ Nos idos de 1962, Licklider desenvolvera sua visão a ponto de produzir uma série de artigos descrevendo uma *"rede galáctica" de computadores interconectados capaz de revolucionar as comunicações*. Ligados a uma matriz, ele argumentava, estariam aptos a operar como uma única unidade integrada.

★ O Admirável Mundo Novo de Licklider chamou a atenção do diretor da ARPA, **Jack Ruina**, que lhe ofereceu a chance de chefiar a nova divisão de ciência do comportamento da Agência. Pouco depois, o romance entre ele e o computador levou a ARPA a fundar um novo escritório dentro da agência, conhecido como INFORMATION PROCESSING TECHNIQUES OFFICE (IPTO). Ruina percebeu que essa mistura única, entre seu conhecimento em psicologia e seu intenso interesse na interação homem-computador, poderia conduzir a importantes descobertas.
★ Imediatamente, Licklider deu início a projetos capazes de transformar em realidade seu sonho de uma rede galáctica. Em 1963, o IPTO ofereceu subsídios a **Doug Englebart**, engenheiro elétrico que, após trabalhar no Laboratório Ames da NASA por três anos, assumiu um posto de pesquisa no Stanford Research Institute (SRI), concebendo novas formas de manipular computadores. ***Dentre as incríveis invenções de Englebart estavam o mouse e o recurso gráfico de janelas (windows)***, e seu trabalho chamou muita atenção. Ele, por sua vez, conseguiu obter dinheiro para **Robert Taylor**, jovem cientista pesquisador da NASA.

UM PONTO A MAIS

★ Logo depois, o próprio Taylor foi notado pela ARPA, onde o novo diretor do IPTO, **Ivan Sutherland**, ofereceu-lhe um emprego. Menos de um ano depois ele assumiria o lugar de Sutherland como diretor. Uma pedra angular na construção da Internet estava para ser lançada.

Licklider teve uma visão

A canseira dos terminais de Bob Taylor

Reza a lenda que numa sala adjacente à de Taylor havia inúmeros terminais conectados aos computadores centrais dos contratadores da ARPA espalhados pelos EUA. Taylor logo ficou cansado de ir de terminal em terminal e brigar com diferentes procedimentos de login e seqüências de comandos, cada vez que precisava acessar um desses computadores. O que ele precisava, pensou, era algo como ligá-los numa rede de modo a poder acessar qualquer um de um único terminal – uma grande sacada para 1966.

NEGOCIANDO COM A INDÚSTRIA

★ Uma das estratégias-chave da ARPA sempre foi apoiar-se na iniciativa privada para solucionar seus problemas. Taylor esboçou um documento conhecido como Solicitação de Propostas intitulado "Rede Cooperativa de Computadores de Tempo Compartilhado", em que delineou o projeto de uma rede e seus objetivos. No entanto, a natureza do problema significava que a proposta era algo vaga, e Taylor percebeu que precisava de ajuda para descrever o quê exatamente ele queria de seus contratadores.

OS ESPECIALISTAS

★ Ele foi atrás do *especialista em rede, Larry Roberts* – o cientista do Lincoln Lab que trabalhara na WAN dos TX-2/Q-32 e que recentemente completara a primeira ligação transoceânica entre computadores –, e tentou contratá-lo. Mas Roberts recusou com firmeza.

★ Como diretor do IPTO, contudo, *Taylor era uma força poderosa sobre o dinheiro do Lincoln Lab* (seu escritório subsidiara diretamente mais da metade da pesquisa), e não demorou muito para o chefe do Lincoln sugerir a Roberts que uma mudança para o IPTO seria uma boa idéia.

HORA DA CONFERÊNCIA

★ E assim Larry Roberts começou a trabalhar na SOLICITAÇÃO DE PROPOSTAS. Em 1967, ele introduziu suas próprias propostas para uma rede, no encontro especial na conferência anual dos contratadores de pesquisa da ARPA.

PALAVRAS-CHAVE

HOST: um computador mainframe com uma rede conectada a ele.

IMP (Interface Message Processor): um minicomputador que fornece uma porta de comunicações (gateway) para outros computadores juntarem-se a uma rede.

MINICOMPUTADOR: um mainframe simplificado, com menos memória e menor capacidade de armazenagem, requerendo apenas a metade de uma sala ou uma sala para abrigá-lo.

PROTOCOLO: um método de consenso pelo qual uma tarefa é executada.

um minicomputador pode precisar apenas da metade de uma sala

PDP-1

O primeiro minicomputador do mundo foi inventado em 1961 pela Digital Equipment Corporation. Batizada de PDP-1, a máquina tinha só 10 metros – uma largura minúscula em comparação com as centenas de metros de um mainframe típico – e custou a bagatela de 120 mil dólares.

BELEZINHAS

As companhias de computação conceberam os minicomputadores como uma alternativa menor e mais barata aos mastodontes conhecidos como mainframes. Os minis são projetados com poder de processamento reduzido e memórias menores, mas seu poder deriva de sua conveniência e preço – uma fração do custo de um mainframe.

para um computador, pequeno é bonito

★ ***Em pouco tempo ficou decidido que a rede deveria se basear no novo princípio da comutação de pacotes;*** e que deveria haver controle de erros, roteamento e convenções para identificação de usuário comuns a todas as máquinas da rede, em vez de um protocolo particular para cada computador.

★ Esses objetivos seriam atingidos criando-se uma SUB-REDE de minicomputadores dedicados, todos do mesmo tipo, cada um com sua "PORTA DE COMUNICAÇÃO" para a rede ligada ao computador principal.

★ ***Os minicomputadores com portas de comunicação seriam chamados Interface Message Processors, ou IMPs,*** conectados por meio de linhas telefônicas. Com os IMPs conectados a uma sub-rede de apoio, usando um PROTOCOLO DE COMUNICAÇÕES comum, o único problema remanescente seria escrever uma interface de software entre IMPs e os computadores principais.

O BATISMO DA REDE

* A nova rede foi chamada de ARPAnet. No fim de 1967, o IPTO designou o Stanford Research Institute para escrever um relatório preliminar especificando a rede; e, em dezembro daquele ano, Elmer Shapiro, do SRI, junto com vários outros, produziu o documento "Um Estudo de Parâmetros de Rede de Computadores".

CULTIVADORES DE FILAS

Os cientistas da computação usam as complexas equações da teoria das filas para prever e monitorar (entre outras coisas) a passagem de pacotes de dados em uma rede de computadores. Isso lhes possibilita determinar possíveis congestionamentos e decidir sobre o tamanho mais eficiente dos pacotes.

EM TRIPLICATA!

* Usando esse relatório, Larry Roberts e outro cientista da ARPA, **Barry Wessler**, escreveram uma especificação final para os IMPs; e essa, junto com um plano para o projeto de rede intitulado "Redes de Computadores de Recursos Compartilhados", foi aprovada pelo diretor da ARPA, em 21 de junho de 1968. Esses caras nem mesmo piscavam sem antes escrever no mínimo uma dúzia de relatórios em triplicata!

* O plano detalhava os objetivos do projeto ARPAnet e declarava os benefícios para os militares e para a comunidade de pesquisadores da ARPA. O plano foi aperfeiçoado em uma série detalhada de especificações; e essas, com uma Solicitação de Cotações, foram enviadas a 140 possíveis contratadores na indústria, convidando-os a fazer sua proposta. Perto do fim do verão a ARPA havia recebido doze propostas, incluindo uma da BBN.

dou-lhe uma
dou-lhe duas
VENDIDO

que oferta faço
por essa rede?

"o que estamos esperando?"

FRANKAMENTE

★ Larry Roberts examinou as doze propostas em detalhes, enfim selecionando a equipe da BBN, liderada por **Frank Heart**, para fechar contrato. A companhia gastara mais de 100 mil dólares para produzir sua oferta e o sucesso dela ao ganhar o contrato mereceu um telegrama de congratulações do senador por Massachusetts, Edward Kennedy.

CENTROS DE EXCELÊNCIA

★ Enquanto isso, inúmeros centros de pesquisa eram escolhidos para ser os primeiros conectados à nova rede, assim que ela estivesse pronta e funcionando. Leonard Kleinrock – agora professor da Universidade da Califórnia em Los Angeles (UCLA), e conhecido por seu trabalho com a TEORIA DAS FILAS – foi selecionado para encabeçar uma equipe responsável pela medida acurada da capacidade da ARPAnet. *A UCLA tornou-se o Centro de Medição da Rede.*

UM ERRO GIGANTE

Algo que chamou a atenção no leilão da ARPAnet foi a ausência da IBM, na época a maior empresa de computadores do mundo e que havia calculado que as redes de comutação de pacotes não tinham futuro.

Centros de serviço

Outros locais selecionados para fornecer serviços exclusivos para a futura rede eram o SRI, onde o Network Information Centre era dirigido por Doug Englebart; a Universidade da Califórnia em Santa Barbara (UCSB), então à testa da pesquisa de gráficos de computador em 3-D; e a Universidade de Utah, onde o segundo diretor do IPTO estava pesquisando gráficos de computador interativos.

PALAVRA-CHAVE

GRÁFICOS:
a capacidade de um computador para mostrar e manipular imagens (por oposição a mostrar apenas texto).

foi dada a largada

PREPARAR, APONTAR, JÁ!

★ Para dar início à operação, a ARPA solicitou ao cientista do SRI, Elmer Shapiro, que "fizesse algo acontecer". No verão de 1968, Shapiro convocou uma reunião de programadores dos quatro locais escolhidos e com eles formou o Network Working Group (NWG). O grupo decidiu partir de duas questões-chave: como implementar um protocolo de rede comum e como ensinar os computadores de cada local a se comunicar com sua IMP. Uma tarefa difícil, pois nessa época não existiam IMPs e as praticidades da comutação de pacotes eram quase totalmente desconhecidas.

PALAVRA-CHAVE

KILOBYTE (K) E MEGABYTE (MB): a capacidade de memória de um computador é medida em kilobytes (1.024 bytes) ou megabytes (1.048.576 bytes).

UMA QUESTÃO DE PROTOCOLO

★ Alguns dos estudantes de pós-graduação presentes nessa reunião inicial eram **Stephen Crocker**, da UCLA, **Steve Carr**, da Universidade de Utah, **Ron Stoughton**, da UCSB, e **Jeff Rulifson**, do SRI. Desde o início, Crocker e outros perceberam que a rede necessitava "serviços de transporte geral na base, com protocolos de aplicação específica no topo". Em outras palavras, um PROTOCOLO COMUM para as comunicações de fato na rede, com protocolos separados para quaisquer aplicações que pudessem ser preparadas para funcionar nela.

a rede precisava de um protocolo de transporte

SEM BARREIRAS

★ Perto do fim da primeira reunião, o grupo havia esquematizado o que chamou de DEL (Decode-Encode Language) e NIL (Network Interchange Language). Essas linguagens forneceriam um protocolo básico para transportar mensagens por toda a rede.

★ O NWG concordou também em manter regularmente um sistema de reuniões – sendo a única regra a de que não haveria regras, nada era oficial e todos poderiam dizer o que quisessem, desde que fosse pertinente ao projeto.
★ Inúmeras dessas reuniões se seguiram, e seus membros decidiram que cada uma deveria ter uma minuta informal. Steve Crocker começou a reunir anotações intituladas SOLICITAÇÕES DE COMENTÁRIOS (RFC, em inglês), que julgou ter menos probabilidades de ofender os que o NWG percebia como encarregados do projeto ARPAnet.

Boas-festas

O trabalho com o primeiro IMP começou na BBN, no primeiro dia do ano novo, 1969. Liderada por Frank Heart, a equipe incluía os programadores David Walden e Bill Crowther, o depurador Bernie Coswell e o especialista em hardware Severo Ornstein, ex-geólogo que pegara o vírus da computação. Outro membro da equipe, Bob Kahn, tinha a tarefa de desenhar uma especificação adequada para conectar computadores principais com os IMPs. A equipe escolheu o minicomputador Honeywell DDP-516 para transformar num IMP. Construído para fins militares com uma estrutura de aço reforçado, o Honeywell era um dos mais poderosos minis então disponíveis e exibia uma memória de 24K (12.000 palavras de 16-bits) – enorme para os padrões da época, ainda que pequena para os computadores atuais.

BARREIRA DA LÍNGUA

*** Dada a limitada capacidade de memória do IMP, os programadores decidiram utilizar uma linguagem Assembly para ter certeza que o código resultante fosse tão rápido quanto eficiente. Mas primeiro eles precisariam escrever um "assembler" para converter as instruções naquela linguagem em algo compreensível para a máquina.**

a barreira da língua pode ser um problema

computadores só falam em binário

RAPIDINHO

* Isso foi obtido com o programa ASSEMBLER escrito por eles no computador PDP da BBN e a transferência (ou PORTING) do programa compilado para o Honeywell, com fita de papel. Nesse ponto, a equipe tinha apenas oito meses (!) para modificar o DDP-516 e escrever o programa NCP (Network Control Protocol).

VELOZ, COMPACTO

Antes que sistemas especializados programassem linguagens como a C, o assembler era o programa escolhido por qualquer um que quisesse velocidade e código compactado. A linguagem Assembly tem uma velocidade de execução centenas de vezes maior do que programas similares escritos em linguagem de alto nível como Basic e Pascal. A desvantagem é a dificuldade de se escrever nela.

MODO DE VER

Fundamental para o sucesso e subseqüente desenvolvimento da ARPAnet foi a mudança de percepção que via computadores como grandes calculadoras e não como dispositivos para comunicação.

★ O projeto andava bem, embora o engenheiro de teste da BBN, **Ben Barker**, tivesse de abrir e remontar o IMP inúmeras vezes de fio a pavio para resolver problemas de hardware. Então, quando tudo levava a crer que a equipe não cumpriria o prazo para 30 de agosto de 1969, o IMP-0, o primeiro de sua espécie, foi entregue ao campus da Universidade da Califórnia em Los Angeles.

★ Steve Crocker, na UCLA, ficou sabendo da entrega iminente apenas dois dias antes e passou a noite em claro para completar o software capaz de conectar seu mainframe Xerox Sigma-7 com o IMP – ***criando assim o primeiro nó da ARPAnet.***

HORA DO TESTE

★ Um mês depois, o segundo IMP foi entregue ao SRI e conectado ao mainframe SDS-940 do Instituto, usando um software computador principal/IMP, escrito pelos estudantes da pós-graduação de Stanford.

★ Com uma conexão entre os dois nós montada e funcionando, era hora de testar a novata ARPAnet. A UCLA ligou para a SRI, e as duas equipes sincronizaram o primeiro logon da história. A tensão pairava no ar quando o aluno de graduação da UCLA, **Charlie Klein**, perguntou ao SRI se estava recebendo o L que ele havia acabado de digitar em seu terminal. Sim, foi a resposta. Charlie perguntou sobre o O. Perfeito, respondeu Stanford. E o G?, perguntou Charlie. Mas era tarde demais, pois a ciência da computação acabara de testemunhar outra novidade mundial – ***a queda da rede!***

Glossolalia

Computadores não passam de máquinas. Para programar um, é preciso instruí-lo usando a única linguagem que são capazes de compreender: aritmética binária (1 e 0). Os circuitos do hardware de um computador operam sendo comutados num liga/desliga, e esse sistema de dois estados é representado de modo mais direto pelo código binário. Mas programar um computador usando um código binário é um processo tedioso e de difícil detecção de erros. Para tornar as coisas mais fáceis, linguagens de alto nível como a Assembly e a Basic foram desenvolvidas. O computador não pode compreender essas linguagens, mas um programa intermediário conhecido como compilador traduz a linguagem de alto nível nos 1s e 0s que são compreensíveis para a máquina.

oh, não!
Está quebrado

GANGUE DOS QUATRO

★ Próximo ao final de 1969, os quatro locais escolhidos para a rede original estavam montados e funcionando. O terceiro local a receber um IMP, a Universidade da Califórnia em Santa Barbara, conectou seu IMP a um IBM 360/75, por meio do sistema operacional OS/MTV; e o quarto local, a Universidade de Utah, conectou o seu a um DEC PDP-10 rodando TENEX.

PALAVRA-CHAVE

TIP:
Terminal Interface Processor, um tipo de IMP simplificado que pode ser conectado diretamente a uma rede sem o auxílio de um computador principal.

cheque sempre suas respostas

Checagem de erro

Um dos primeiros problemas que veio à tona foi que a BBN subestimou a necessidade de checagem de erros entre os computadores principais e seus IMPs na sub-rede. Heart e sua equipe haviam assumido que os computadores e os IMPs ficariam no máximo a 15 metros de distância, e a curta conexão entre eles controlaria a possibilidade de erros. Conseqüentemente, o quinto IMP – instalado na própria BBN – precisou ter seus acionadores de linha ampliados para assegurar uma integridade do sistema superior a 600 metros.

ARPANET ONLINE

★ *Quatro máquinas incompatíveis rodando quatro sistemas operacionais inteiramente diferentes estavam agora conectadas à sub-rede de IMPs,* e cada uma era capaz de se comunicar com suas parceiras de rede. A ARPAnet estava online, e a tarefa de testá-la até seus limites podia começar. A nova rede funcionou surpreendentemente bem e apresentou apenas um ou dois problemas.

CRESCIMENTO RÁPIDO

★ A rede cresceu rapidamente nos dois ou três anos seguintes. Com os quatro primeiros nós estabelecidos em 1969, a BBN tornou-se o quinto pouco depois e logo foi seguida pelo MIT, a RAND Corporation, a System Development Corporation (SDC), Harvard, o Lincoln Lab, Stanford, a Universidade de Illinois, a Universidade Case Western Reserve, a Universidade Carnegie-Mellon e o Laboratório Ames, da NASA.

★ De início, todos os quinze usavam MINICOMPUTADORES HONEYWELL DDP-516 configurados como IMPs. Então, quando a Honeywell lançou o 316, irmão de seu popular minicomputador mas custando menos da metade do preço, a BBN adquiriu um e o configurou como um novo tipo de IMP chamado TIP, ou TERMINAL INTERFACE PROCESSOR.

o incrível IMP que encolheu

é tudo configuração de sub-rede

IMP pequeno

O 316 foi o ponto de partida na configuração de sub-rede, bem como na especificação de IMP. O TIP é uma espécie de nó parasita: ele elimina a necessidade de um computador principal e capacita os terminais a se conectarem diretamente com a rede. Os primeiros a usar o TIP foram o Ames Lab da NASA e o Mitre, um contratador do governo.

FIM DO TIP

Construído com especificações militares, o minicomputador Honeywell DDP-516 apresentava uma construção robusta mas de custo elevado. Assim, quando a Honeywell lançou o 316 pela metade do preço, os engenheiros da ARPAnet aderiram ao Terminal Interface Processor, como os cientistas da computação ao silício.

ALOHA!

GAROTOS DE PRAIA

★ Embora bem-sucedida em seus próprios termos, a ARPAnet permaneceu como uma rede solitária até que Norm Abramson, professor da Universidade do Havaí, construísse a primeira rede de comutação de pacotes sem fio do mundo. Abramson fora ao Havaí em parte para praticar sua maior paixão: o surfe.

Abramson, o primeiro surfista na rede

obrigado pelo seu pacote

ALOHAnet comutou pacotes de dados via rádio

PALAVRAS-CHAVE

ALOHAnet: uma rede de comutação de pacotes por rádio, em vez de linhas telefônicas, como meio.

Internetar: neologismo para a interconexão entre duas ou mais redes de computadores.

CANAIS DE MULTI-ACESSO

★ *Abramson arrumou um emprego de professor de engenharia e imediatamente começou a resolver o problema de comunicação entre ilhas*, concebendo uma rede de comutação de pacote por rádio para ligar o arquipélago havaiano. Rotulada de ALOHANET, a rede de Abramson foi subsidiada pelo diretor do IPTO, Larry Roberts.

★ Baseada na ARPAnet, a ALOHAnet utiliza um simples protocolo para contornar as limitações de compartilhar uma única freqüência de rádio. Seus computadores principais transmitem pacotes de dados independente do que quer que esteja ocorrendo na rede – embora essa estratégia leve à possibilidade de dois ou mais computadores transmitirem pacotes ao mesmo tempo e danificarem os dados uns dos outros.

Para prevenir o problema, os computadores receptores da ALOHAnet acusam RECEBIMENTOS apenas quando chegam pacotes bons. Se um computador transmissor não recebe a confirmação, aguarda durante um determinado período e então retransmite o pacote. Esse protocolo é chamado de canal de MULTI-ACESSO.

Londres chamando

MAGIA DO RÁDIO

Hoje, os radioamadores, utilizando computadores domésticos relativamente pouco sofisticados e transmissores, volta e meia interceptam redes de comutação de pacotes – mas nos anos 60 a rede sem fio estava na linha de frente da tecnologia.

só pacotes completos são recebidos

INTERNETADO!

★ ***Após se constituir como a primeira rede de comutação de pacotes sem fio do mundo,*** a ALOHAnet tornou-se um instrumento para um grande salto adiante em termos de rede. Em 1971, Larry Roberts municiou a equipe de Abramson com um TIP, que Abramson rapidamente usou para conectar a ALOHAnet à ARPAnet. Um divisor de águas para a ARPAnet, ***o TIP havaiano foi a primeira rede totalmente separada a se interconectar – ou internetar*** – com ela.

o grande salto adiante em redes

POPULARIZAÇÃO

★ Em outubro de 1972, uma demonstração pública da ARPAnet foi dada na Primeira Conferência Internacional sobre Comunicações em Computação, em Washington. Embora a essa altura um sucesso, havia ainda inúmeros detratores que permaneciam sem se convencer do futuro sucesso das redes de comutação de pacotes – entre eles, a gigante das comunicações AT&T.

ENCONTRO NO HOTEL

★ *Larry Roberts e Bob Kahn, da BBN, decidiram mostrar ao mundo do que a rede era capaz.* Instalaram 40 terminais e um TIP no Washington Hilton Hotel. **Bob Metcalfe** –

Realização tripla

Pós-graduando, na época da conferência de 1972, Robert (Bob) Metcalfe, começou suas grandes conquistas no mundo dos computadores. Contratado pela Xerox para trabalhar no Centro de Pesquisas de Palo Alto, Metcalfe envolveu-se no projeto do novo computador de mesa para redes da Xerox, o "Alto". Liderando uma equipe de três pessoas, elaborou um protocolo de rede baseado nos canais de multi-acesso da ALOHAnet de Abramson. O protocolo simples permitiria aos computadores transmitir dados em um único cabo coaxial. Contudo, diferentemente da ALOHAnet de Abramson, as máquinas conectadas à Ethernet escutavam para verificar se uma transmissão estava em andamento, antes de continuar a transmitir. Se uma transmissão fosse detectada, o computador aguardaria um determinado período antes de tentar de novo. Incapaz de persuadir a Xerox a comercializar sua invenção, Metcalfe decidiu ele mesmo fazer isso, com o nome de Ethernet, e chamou sua nova empresa de 3Com – Computador, Comunicações e Compatibilidade.

futuro fundador da gigante 3Com e inventor da Ethernet – escreveu um pequeno guia para a conferência, explicando como a ARPAnet operava e o que ela podia fazer.

★ Delegados do mundo todo (incluindo o britânico Donald Davies) observavam boquiabertos Metcalfe e outros conectarem computadores por todo os EUA, rodarem programas em MÁQUINAS REMOTAS, acessarem dados e fazerem seu download nos terminais do Hilton. Alguns acharam difícil acreditar que o que estavam vendo era real. Outros simplesmente não estavam entendendo nada.

★ O evento foi um grande sucesso, até Bob Metcalfe começar a demonstração para o homem de terno cinza da AT&T – quando a rede caiu de forma desastrosa pela primeira vez em toda a conferência! O pessoal da AT&T foi embora, vendo confirmadas suas péssimas opiniões sobre redes de comutação de pacotes.

o pessoal da AT&T não ficou impressionado

JOGO DE NOMES

Os dois primeiros protótipos do Altos da Xerox foram chamados de "Michelson" e "Morley", em homenagem aos cientistas que derrubaram a teoria do éter invisível que preencheria o universo – assim, quando Metcalfe inventou sua rede de protocolo simples baseado num único cabo coaxial, não pôde resistir e chamou-a de Ethernet.

3Com – Computador, Comunicações e Compatibilidade

piada de cientista

CRESÇAM, CRIATURAS!

a rede continuou a crescer

★ A Primeira Conferência Internacional sobre Comunicações de Computadores fora um sucesso estrondoso e a rede continuou a crescer. No início de 1973, havia 35 nós na ARPAnet, dos quais 14 estavam configurados como TIPs, incluindo uma ligação por satélite com o TIP da Universidade do Havaí; ao final desse ano, 40 IMPs e TIPs conectavam 45 hosts com a rede, e os dados que trafegavam subiram de cerca de um milhão de pacotes por dia, em 1972, para 2,9 milhões.

Cartas secretas

Trabalhando em segredo (o uso da ARPAnet era estritamente controlado), Tomlinson escreveu um software para e-mail e enviou uma mensagem para si mesmo como teste. Seu aplicativo secreto deixou de ser um segredo. Quase imediatamente os usuários começaram a enviar mensagens uns para os outros nos sites espalhados por toda a ARPAnet – e pouco depois a equipe de medição de Leonard Kleinrock, da UCLA, descrevia o e-mail como a maior fonte de transmissão diária de pacotes na rede!

MAIL MAN

★ Embora de início projetado como ferramenta de pesquisa, o novo fenômeno estava contribuindo em muito para o fluxo do tráfego na ARPAnet. **Ray Tomlinson**, um engenheiro da BBN, decidiu expandir a idéia de mandar mensagens, que já era popular na época dos computadores em time-sharing. Os usuários que conectavam um sistema em time-sharing podiam passar eletronic mail, ou "e-mail", uns para os outros, e ocorreu a Tomlinson a idéia de ampliar o conceito original para permitir às pessoas enviar e-mails por toda a rede, para usuários em hosts diferentes.

PRESSÃO DO PROTOCOLO

★ Os testes e o desenvolvimento da ARPAnet continuaram acelerados. Em 1973, as primeiras conexões transcontinentais foram feitas quando a Grã-Bretanha e a Noruega se ligaram na rede, aumentando a pressão para dotar o – a essa altura – atribulado software Network Control Protocol (NCP) de algo capaz de lidar com o intenso tráfego e as redes interconectadas.

★ Bob Kahn, da BBN, e **Vinton Cerf**, professor assistente em Stanford, acharam que tinham a solução. Kahn encontrou-se com Cerf quando este último era um jovem engenheiro no Centro de Medições da Rede, na UCLA, e a dupla logo atou uma proveitosa amizade. Em 1972, Cerf foi eleito diretor de um novo grupo, o International Networking Group (INWG), organizado na Primeira Conferência Internacional sobre Comunicações de Computadores.

o sistema de endereçamento perfeito

ORIGEM

Tomlinson formulou uma solução elegante para o problema de endereçamento de mensagens. Os e-mails num computador em time-sharing tinham apenas de ser endereçados com o nome do destinatário, mas Tomlinson percebeu que em uma rede não só o nome do usuário como também o nome do host precisavam ser especificados de modo a fazer com que um e-mail atingisse seu destino. Refletindo sobre o problema, ele lançou um olhar para seu teclado e notou o símbolo @. Sem utilidade em nomes próprios, a arroba parecia ideal para essa função. Numa teclada, Tomlinson descobriu o sistema de endereçamento perfeito.

PALAVRA-CHAVE

E-MAIL:
abreviatura de "electrocnic mail" (mensagens transmitidas por redes de computadores)

vamos fazer um pacote

A SOLUÇÃO DO SATÉLITE

★ Bob Kahn informou Vinton Cerf sobre uma rede de pacotes via satélite sendo desenvolvida pela BBN, o SRI e a rádio Collins, que permitiria um tipo de rede móvel.

café e TCP em Stanford

PALAVRAS-CHAVE

OSI:
Open Systems Interconnection, tentativa fracassada de protocolo, feita pela ISO européia, para introduzir um novo protocolo padrão para a Internet.

TCP/IP:
Transport Control Protocol/Internet Protocol, o protocolo utilizado para transmitir e dirigir dados pela Internet.

protocolos do espaço

UMA DOSE DE TCP

Em seminários informais, Cerf descreveu o trabalho com o projeto de satélite para seus alunos (um grupo de estudos avançados que incluía Richard Karp e Bob Metcalfe, entre outros). Dessas conversas surgiu a semente d um novo protocolo chamado Transport Control Protocol (TCP). O protocolo seria capaz de lidar com a tremenda circulação de dados e prover uma série de regras comuns para todos os hosts, fosse na ARPAnet, fosse em outras redes conectadas a ela.

★ Cerf discutiu o TCP com Bob Kahn, e juntos especificaram o protocolo. Em setembr de 1973, apresentaram-no em uma reunião d INWG, na Universidade de Sussex, onde receberam parecer favorável. Oito meses mais tarde, em maio de 1974, os dois publicaram um artigo sobre o TCP, no Relatório de Comunicações do Institute of Electrical and Electronics Engineers.

eu optei
TCP/IP

o alto comando
optou pelo TCP/IP

★ No fim de 1974, três aplicações estavam sendo escritas paralelamente: na BBN, na Stanford (pelo programador Richard Karp) e no University College, em Londres.

★ Logo depois, em parte como resultado da pesquisa em comunicações vocais usando redes de pacotes, o TCP foi dividido em dois protocolos: ***TCP – que deveria lidar com aspectos tais como controle de fluxo e recuperação de pacotes perdidos – e IP (Internet Protocol)***, que deveria prover simples endereçamento e encaminhamento de pacotes individuais. O protocolo seria daí em diante chamado TCP/IP.

OPÇÃO MILITAR

Nos anos 80, os todo-poderosos militares dos EUA escolheram o TCP/IP como seu protocolo preferido para usar em redes e, em 1982, foi feita uma troca completa do NCP pelo TCP/IP.

VENDE-SE

★ Embora obviamente superior ao já existente NCP, ***o TCP/IP levou algum tempo para ser aceito como o novo padrão da ARPAnet***. A européia ISO (International Standards Organization) especificara de antemão um novo protocolo para a rede, chamado "Open Systems Interconnection" (OSI), já aceito pelo governo americano.

★ Contudo, o TCP/IP rapidamente caiu nas graças dos administradores de redes. A opinião pública fez sua escolha, e o OSI foi abandonado (na prática, pelo menos) como protocolo para o que cada vez mais estava perto de ser chamado de Internet.

ok, estou mudando
o comutador

a grande comutação

INTERRUPTOR DESLIGADO

★ Em meados de 1982, por um dia, o Internet Configuration Control Board (ICCB), fundado por Vinton Cerf e dirigido por David Clark, do MIT, "desligou" a capacidade da rede para usar o NCP. Acreditava-se que isso convenceria os gerentes dos sistemas hosts de que a mudança para o TCP/IP era iminente. Mas o aviso não foi plenamente levado em consideração e, no outono de 1982, o ICCB desligou de novo, agora por dois dias. Finalmente, em 1º de janeiro de 1983, a capacidade de usar o NCP da rede foi eliminada para sempre. Com a introdução permanente do TCP/IP, a Internet mundial que hoje conhecemos e usamos estava a caminho.

TRÁFEGO PESADO

★ *O sucesso da Internet era uma bola de neve. O tráfego diário atingia bem mais de 100 milhões de pacotes*, e redes comerciais de companhias subsidiárias grassavam.

★ Estudantes de ciência da computação, que haviam passado seus anos na universidade gravando em suas mentes a importância das redes, fundavam suas próprias companhias para criar equipamentos e programas para redes locais.

★ Em 1981, a 3Com de Bob Metcalfe lançou uma versão de Unix com o protocolo TCP/IP, possibilitando ao superpopular ETHERNET da empresa ficar em rede com a ARPAnet.

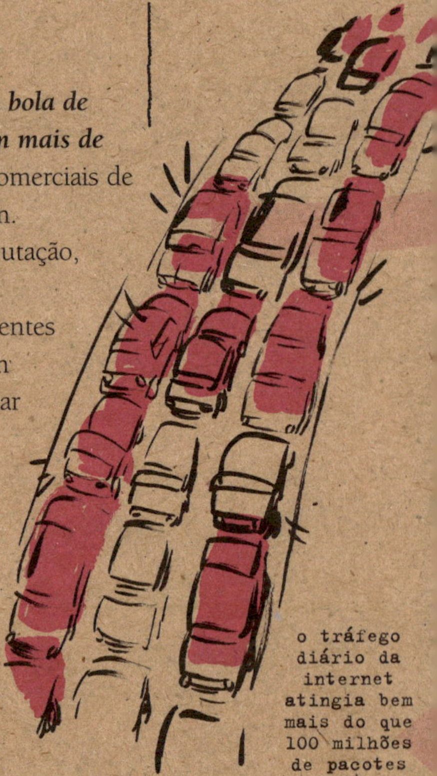

o tráfego diário da internet atingia bem mais do que 100 milhões de pacotes

rede – o segredo do sucesso

A SUN BRILHA

★ Em Stanford, os estudantes de pós-graduação **Vinod Khosla**, **Andy Bechtolsheim** e **Scott McNealy** aliaram-se ao cientista da computação de Berkeley **Bill Joy** para fundar a SUN (de Stanford University Network, e que significa "Sol"). A nova companhia se dedicou a fabricar poderosas WORKSTATIONS com capacidades inerentes à rede. Isso iria satisfazer as necessidades dos acadêmicos e outros que queriam computadores de mesa que pudessem se conectar à Internet.

★ Joy escrevera uma aplicação para o TCP/IP, para a versão de Berkeley do Unix, o BSD. Os fundadores da Sun estavam conscientes da grande importância de estar online, e instalaram o BSD, TCP/IP adaptado de Joy, em suas workstations, tornando-as muito populares na comunidade científica. ***Em 1988, a Sun vendeu mais de um bilhão de dólares em workstations para redes.***

Sem futuro

Outros na indústria da computação, como a Microsoft – então uma firma de software recém-criada em Seattle, responsável pelo sistema operacional de PCs da IBM –, adaptaram e aperfeiçoaram seus produtos para torná-los apropriados a redes. A Microsoft estava desesperada para pegar o trem das redes e brigou com a IBM para dar capacidade de operar em rede à sua segunda geração de DOS, o OS/2, então em desenvolvimento. A IBM, no entanto, objetou. Ela não queria seus computadores de mesa competindo com os mainframes naquilo pelo qual eram famosos. Profundamente desapontada, a Microsoft foi à 3Com e, juntas, as duas empresas desenvolveram o OS/2 LAN Manager, candidato a dominar o mercado de redes, em 1991. Não foi o que ocorreu. Com o fracasso comercial do OS/2, o OS/2 LAN Manager morreu junto. Paradoxalmente, embora a Microsoft reconhecesse a importância das redes, não viu futuro na Internet, pois na época as leis americanas proibiam terminantemente seu uso para fins comerciais.

você cresceu!

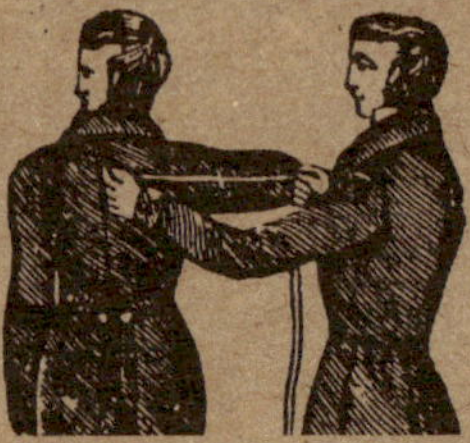

REGRAS DA AUP

No início dos anos 80, todos os envolvidos concordavam que abrir a Internet ao comércio significaria sua ruína. Para impedir que ela fosse subjugada por interesses comerciais, a US National Science Foundation ficou encarregada da tarefa de policiar a Net e fazer valer uma rigorosa estratégia antinegócios conhecida como "Acceptable Use Policy" (AUP).

FATOR DE CRESCIMENTO

★ Cada vez mais redes ficavam online e se conectavam à Internet. Em 1981, a IBM criou a BITNET (Because It's Time Network), uma rede planejada para listas de correspondência e mensagens. A rede de notícias Usenet também surgiu nessa época, bem como inúmeras outras, incluindo a rede Unix UUCP e a rede da comunidade da ciência da computação CSNET.

PERSONALIDADE DIVIDIDA

★ *A própria ARPAnet foi dividida em duas redes, ARPAnet e Milnet, em 1983*. A Milnet ficou destinada aos militares, enquanto a ARPAnet continuou como uma via de intercâmbio de informações para acadêmicos e como campo de teste para teoria de redes de área ampla.

★ Em 1986, a National Science Foundation (NSF) americana estabeleceu a NSFNET para prover um serviço de supercomputação distribuído para cientistas e pesquisadores, e no ano seguinte a NSF assinou um acordo conjunto com a IBM, a MCI e a Merit Network Inc. para gerenciar a espinha dorsal (backbone) da Internet.

★ *O controle da Internet estava agora fora das mãos dos militares* e era dividido entre interesses acadêmicos e comerciais. A Internet havia crescido e se tornado algo vivo e coleante,

a internet estava agora fora das mãos dos militares

muito maior do que a soma de suas partes constituintes; e ***quando a própria ARPAnet foi desativada em 1990, a maioria nem mesmo notou***. Ela havia cumprido o papel para o qual fora projetada: as linhas de comunicação permaneceram, mesmo quando o campo de testes sobre o qual foram construídas deixou de existir.

★ Embora a indústria agora desempenhasse um grande papel no gerenciamento da Internet, ainda havia diretrizes que restringiam seu uso com propósitos comerciais. De fato, a Política de Utilização Aceitável (AUP), que cabia à NSF fazer observar, havia proibido a atividade comercial na Net.

★ Esse estado de coisas de certo modo paradoxal persistiu até o senador americano **Frederick Boucher** propor uma emenda à lei que permitisse à Net "portar um substancial volume de tráfego que não estivesse em conformidade com a atual AUP". Como resultado dessa emenda, as portas virtuais da Net foram abertas.

PALAVRAS-CHAVE

BACKBONE:
as estradas do tráfego na Net.

DNS:
Domain Name System, sistema que resolve um endereço alfanumérico da Internet (como www.sixty3ink.co.uk) em uma forma numérica (255.243.17.91).

Servir direito

O método de endereçamento conhecido como Domain Name System (DNS) foi vital para o crescimento da Internet. Antes da invenção do DNS, em 1983, os endereços na Internet eram inteiramente numéricos e quase impossíveis de lembrar. Uma solução foi buscada, e o pesquisador da Universidade do Wisconsin, Paul Mockapetris, a encontrou. Ele sugeriu a introdução do nome de domínio dos servidores para resolver os endereços expressos em nomes (compostos de palavras ou partes de palavras), em vez de números. Os endereços seriam construídos de forma hierárquica, com o país de origem, tipo de organização e nome do servidor.

Ted Nelson e suas idéias virtuais roubaram o *show*

UMA SEGUNDA REVOLUÇÃO

★ Em 1965, Theodore (Ted) Nelson apresentou um artigo visionário na vigésima Conferência da Associação de Máquinas de Computação, corpo profissional que representava a comunidade da ciência da computação americana. Era intitulado "Uma Estrutura de Arquivos para o Complexo, o Inconstante e o Intermediário".

SURFAR NO DOCUVERSO

★ *A tese de Nelson apresentava a idéia de um universo virtual interconectado de texto, imagens, sons e animação, que pudessem todos eles ser recuperados e examinados não seqüencialmente.* Ele chamou esse universo de vínculos (links) de "DOCUVERSO" e batizou o sistema geral de manipulação de "XANADU".

★ Com o Xanadu, as conexões entre documentos seriam feitas usando links de hipertexto – sistema proposto por Doug Englebart muitos anos antes. Nesse contexto, "hiper" significa não hierárquico e não seqüencial, e a idéia de hiperlinks é criar uma malha de informação correlacionada dentro de uma biblioteca virtual, amorfa, com links e acessível de qualquer "ângulo".

★ Talvez porque estivesse tão à frente de seu tempo, Ted Nelson nunca conseguiu fazer funcionar uma Xanadu.

PALAVRAS-CHAVE

HIPERLINK: conexão não linear que liga (link) informação.

MEMEX: sistema de hiperlink imaginado na década de 40 por Vannevar Bush.

XANADU: universo virtual multimídia e com hiperlinks, de Ted Nelson.

para dicas úteis, pesquise aqui

uma idéia à frente de seu tempo

PESQUISAR AQUI

★ É possível afirmar que a última grande revolução no desenvolvimento da Net, pelo menos até agora, veio em 1980. Seu instigador foi o ex-aluno de Oxford, **Tim Berners-Lee**, nessa época um despretensioso programador do CERN, o laboratório de física de partículas de Genebra.

★ Berners-Lee estava cada vez mais frustrado com o modo pelo qual os vários itens de informação que ele necessitava diariamente – diário pessoal, caderno de telefone e de endereços – ficavam esparramados por inúmeros bancos de dados em redes isoladas no laboratório, tornando impossível recuperá-los simultaneamente. O modo mais eficaz de fazer um link com todos, ele concluiu, era usar o que descreveu, desde então, como "associações aleatórias entre pedaços de informação arbitrários".

a informação estava espalhadada por redes isoladas

★ Com isso em mente, ele ***desenvolveu um programa usando links de hipertexto que, de modo um pouco extravagante, chamou de Enquire (pesquisar)***, a partir de uma obra vitoriana popular, *Enquire Within Upon Everything* (Pesquise aqui sobre qualquer coisa), ainda em catálogo nos anos 70, com dicas úteis sobre vários assuntos para donas de casa.

ENGLEBART E O NLS

O sistema de links de documentos por hipertexto de Doug Englebart era conhecido como NLS (oNLine System). Embora precedesse o Xanadu de Ted Nelson por muitos anos, não vingou – pois simplesmente não havia tecnologia disponível para ele.

LEMBRETE

As idéias de hiperlinks de Doug Englebart e Ted Nelson foram precedidas pelos sistema Memex do dr. Vannevar Bush, consultor científico do presidente Roosevelt, na Segunda Guerra. Ele publicou um artigo intitulado "Como devemos pensar", em que descrevia um sistema "pelo qual qualquer item pode ser levado, intencionalmente, a selecionar imediata e automaticamente qualquer outro [item]".

hora de voltar

Tim Berners-Lee voltou ao CERN em 1989

O BOM FILHO...

★ Após terminar o Enquire, Tim Berners-Lee deixou o CERN para trabalhar como consultor de redes e seu programa caiu em completo desuso no CERN. Em 1989, porém, ele regressou, instigado pelas possibilidades em trabalhar no que na época se tornara o maior site europeu da Internet (o CERN estava online desde 1984).

"a gente pode procurar na world wide web"

PALAVRAS-CHAVE

BROWSER: programa usado para navegar na Web.

MOSAIC: o primeiro navegador aponte-e-clique da Web.

ORIENTADO A OBJETO: dados manipulados como módulos distintos.

A WEB GANHOU UM NOME

★ O problema de estabelecer links entre informações ainda o intrigava e, em março de 1989, Tim submeteu uma proposta ao laboratório, de um sistema de gerenciamento de informação baseado em hipertexto, que resolveria os problemas associados com os sistemas hierárquicos de remessa de informações então utilizados.

★ O novo sistema permitiria aos cientistas visitantes do mundo inteiro ficar rapidamente a par dos vários projetos do laboratório. Berners-Lee escreveu em sua proposta que o sistema proveria "uma única interface usuária de inúmeras classes amplas de informação armazenada, como relatórios, anotações, bancos de dados, documentação sobre computação e ajuda de sistemas online". Ele sugeriu que o sistema de recuperação de informação fosse chamado de "WORLD WIDE WEB".

LUZ VERDE

★ *Em 1990, Berners-Lee recebeu carta branca*. Trabalhando com uma pequena equipe de programadores, ele desenvolveu um servidor para distribuir informação e um browser simples para navegar por ela.

★ A equipe criou o PROTOCOLO HTTP (HyperText Transport Protocol), o servidor da Web usado para transmitir dados; o HTML (HyperText Markup Language), para construir documentos multimídia da WWW; e o URL (Uniform Resource Locator), sistema de encaminhamento desses documentos. Eles então transferiram o software para inúmeras plataformas e, em 1991, mostraram-no ao mundo – que respondeu com silêncio.

PRÓXIMO PASSO

Em 1985, o papa do silício Steve Jobs deixou a Apple – fabricante do computador Macintosh – e criou a NeXT, uma empresa dedicada a revolucionar a indústria de workstation, usando um sistema de operações baseado em princípios orientados a objeto.

FUTURISTA

★ ***A World Wide Web era um salto notável na tecnologia de redes e de computadores***. Mas por melhor que fosse, a Web precisava de mais um aperfeiçoamento antes de chamar a atenção do mundo.

★ Esse aperfeiçoamento veio de uma equipe de programadores da Universidade do Illinois. Em 1992, o aluno de pós-graduação **Marc Andreesen** descobriu o sistema WWW no CERN e avaliou que faltava a ele um navegador de web que fosse do tipo "apontar e clicar". Ele escreveu o Mosaic (futuro Netscape Navigator), e a Web estava a caminho.

Tim Berners-Lee e sua pequena equipe de programadores desenvolveram um servidor para distribuir informação e um browser simples

A história de como a World Wide Web foi transformada do que era – essencialmente um sistema de recuperação de texto – no atual e adorado espetáculo multimídia está no capítulo 2.

FUTURO EXPONENCIAL

★ Se há algo que podemos predizer com certeza sobre o futuro da Internet é que a rede continuará a crescer – e crescer exponencialmente. Hoje existem milhões de computadores hosts que são acessados bilhões de vezes todos os dias por pessoas comuns e que são responsáveis pelos trilhões de databytes que trafegam pela rede. E centenas de milhares de novos usuários estão se conectando todo mês.

a internet cresce minuto a minuto

EXPLOSÃO DE NEGÓCIOS

★ Agora que as transações online com cartões de crédito (motivadas em parte pelo imenso sucesso da indústria PORNÔ ELETRÔNICA) estão mais seguras e cada vez mais disponíveis, o e-comércio está florescendo – e não é apenas pelas ofertas de viagens aéreas, flores e entradas de teatro que eram dadas como um bom motivo para se conectar no começo dos anos 80.

★ As compras de supermercados hoje podem ser feitas virtualmente, os pedidos anotados online e entregues em poucas horas. Podemos comprar livros, roupas, comidas especiais, jóias, eletrônicos, animais de estimação – e até parceiros – na Net.

PALAVRA-CHAVE

E-COMÉRCIO: negócios feitos na World Wide Web.

você pode comprar abacaxis **on line?**

compre até se fartar na net

**** Muitos e-business simplesmente não existiam antes do advento do amplo acesso público à Net***, e algumas empresas não funcionam fora da World Wide Web (a incrivelmente bem-sucedida loja de livros Amazon.com é um bom exemplo).

a internet é o centro do universo para muitas pessoas

NAVEGO, LOGO EXISTO

**** E o mais surpreendente de tudo é que essa monstruosa revolução nas comunicações, esse terremoto na comunicabilidade do mundo, aconteceu quase sem um pio vindo do público***. Nenhum sangue foi derramado, nenhum governo, derrubado, nenhuma classe, subjugada. A Internet veio e com ela trouxe acesso livre e sem censura a vastas quantidades de informação, entregues nas mãos de quem quiser tê-las. Ela abriu novas formas de cooperação, aquisição de conhecimento e troca de idéias. E, para alguns, praticamente tornou-se o centro do universo.

encontre seu parceiro ideal na net

O MUNDO É SUA OSTRA

Com uma conexão para a Internet, podemos falar com qualquer pessoa no mundo conectada da mesma forma, comprar alimentos, nos aliar a partidos políticos e grupos de protesto, explorar algumas das principais bibliotecas do mundo e espiar as notícias na hora em que acontecem. O leque de bens e serviços disponíveis na Net é potencialmente ilimitado.

eu lhes dou a internet

CAPÍTULO 1

O QUE HÁ NA NET?

★ A Internet é um vasto universo de milhões de hosts, milhares de redes díspares e centenas de serviços diferentes, tudo emaranhado no tecido virtual do ciberespaço e levado até a sua mesa por meio de um modem e uma linha telefônica.

a internet leva o universo inteiro até você

PALAVRAS-CHAVE

CIBERESPAÇO: termo cunhado pelo escritor de ficção científica, William Gibson, para descrever o mundo virtual criado pela interconexão de computadores.

ISP: Internet Service Provider, ou provedor de acesso, a empresa que liga as pessoas à Net (de graça ou não).

VIRTUAL: algo que é simulado por um computador e assim existe para propósitos práticos, embora não tenha existência física.

DIVERSIDADE INFINITA

★ *A não ser o hardware fundamental, nenhum grande projeto foi usado para elaborar a Internet.* As redes se dividiram e foram conectadas à ARPAnet original como resposta às necessidades dos acadêmicos, contratadores do governo americano e militares.

★ Com a disseminação do acesso público na primeira metade da década de 90, os computadores hosts das redes existentes foram gradualmente adaptados para atender requisitos de quem fazia um LOGON. O resultado é que a Internet é hoje imensamente diversificada.

VIRTUAL *VERSUS* FÍSICO

★ A Internet é uma rede virtual de milhares de redes físicas interconectadas entre si e ligadas a milhões de computadores hosts.

★ Um PROVEDOR DE ACESSO (em inglês, ISP) é sua porta de entrada para esse mundo virtual; o programa que roda em sua máquina é o que acessa e manipula os serviços que você encontra lá. Alguns serviços, como a rede de grupos de notícias USENET, são verdadeiras redes por suas próprias características, enquanto outros constituem aplicações específicas disponíveis de redes gerais.

a internet em geral não tem regras

O programa de Internet em seu computador leva esses serviços até você e os interpreta. Rode um cliente Archie e você acessará servidores Archie, utilize um navegador de World Wide Web e páginas da Web aparecerão em sua tela.

★ Hoje, a Internet é dominada por três serviços: E-MAIL, WORLD WIDE WEB e USENET, embora haja muitos outros. FTP, IRC, Gopher e Telnet – vamos ver mais de perto alguns dos serviços mais populares depois, neste livro. Por agora, vamos dar uma olhada rápida no que há disponível na Net.

tudo é entregue por meio de uma linha telefônica

REDES INVISÍVEIS

Para você e outros usuários, as redes e, em menor extensão, os hosts conectados a elas são quase totalmente invisíveis – um objetivo primordial na concepção da Internet. Ao conectar seu computador na Internet, tudo que você verá é o serviço que escolheu acessar.

as redes são projetadas para ser invisíveis aos usuários

O QUE HÁ EM UM NOME?

★ Cada serviço na Internet é designado por seu endereço, ou URL (Uniform Resource Locator). Ele é o método padrão da Net para especificar o protocolo, a rede, o endereço do host e o tipo de dados usados para recuperar um elemento do ciberespaço.

pensar em um bom nome pode ser um parto

PALAVRAS-CHAVE

DOMÍNIO:
parte do URL de um host que especifica seu tipo e localização.

SERVIDOR:
um computador host que provê um serviço na Internet (como FTP) para outros computadores (clientes).

URL:
Uniform Resource Locator, o endereço padrão para um elemento do ciberespaço.

ENDEREÇOS NA WEB

★ Por exemplo, o URL de uma página da Web típica será algo assim:

http://www.wimpleware.co.uk/home.html

Isso pode parecer desanimador, mas só quer dizer o seguinte:

* O nome do arquivo é "home" (indicando que é uma "home page").
* Ele está escrito em HTML (a linguagem de programação usada para criar páginas da Web).
* Ele está armazenado no servidor da WWW conhecido como "wimpleware", que é um servidor comercial (.co) baseado no Reino Unido (.uk).
* O método usado para manipular o arquivo pela Internet é o HyperText Transport Protocol (http).

A parte do endereço que fornece o nome do servidor, tipo e país é chamada "nome do domínio".

digite mal por sua conta e risco

O QUE HÁ EM UM URL?

nomes podem abundar por aí

★ Só países fora dos Estados Unidos são assinalados com seu nome de domínio: .uk, .jp, .fr e assim por diante. Os nomes do domínio especificam ainda o tipo de organização responsável pelo servidor – como .com (EUA e boa parte do mundo) para um servidor comercial, .edu para uma instituição acadêmica, .gov para governo etc.

★ Dentre as muitas outras designações usadas em URLs estão ftp:// para servidores de arquivos, gopher:// para servidores do Gopherespaço e https:// para servidores http seguros. Gopherespaço, FTP e os outros serão todos discutidos mais à frente neste capítulo.

DIGITAÇÃO ESCRUPULOSA

★ ***Alguns URLs podem ser bastante complexos, e é imperativo que você os digite corretamente*** – incluindo a pontuação – para o servidor do nome do domínio da Net traduzir o endereço sem erros. Para endereços de e-mail não importa usar maiúsculas ou minúsculas, mas para URLs, sim – então digitar **hTTP://Www.WimpLewaRe.Co.UK/HOMe.htMl** pode trazer resultados inesperados.

★ Sempre esteja certo de digitar a barra convencional (/) e não a barra para a esquerda (\). É útil ainda saber que alguns URLs contêm os endereços de subdiretórios de servidores rodando no sistema operacional Unix – fato assinalado pelo til (~), como aqui:

http://www.wimpleware.co.uk/~jerry/mybook.html

Isso significa que o arquivo de HTML "mybook" está armazenado em um subdiretório chamado "jerry".

UNIX VS. DOS

Ocasionalmente, você verá .htm em lugar de .html. O primeiro significa que o arquivo está armazenado em um servidor PC, rodando sistema operacional DOS; o último indica um arquivo armazenado em um servidor em Unix. O DOS tem uma convenção estrita de nomear com no máximo oito caracteres seguidos por no máximo três caracteres. O Unix não tem essas restrições.

mas essas convenções são muito rígidas

o e-mail foi o pai de todas as coisas

MODELO DE E-MAIL

★ O correio eletrônico (e-mail) pode ser chamado de tataravô de todos os serviços da Internet, uma vez que foi usado na Net antes de todos os outros serviços existentes. De fato, ele até antecede a Internet, tendo sido usado na primeira rede do mundo de comutação de pacotes de área ampla, com apenas quatro hosts conectados a quatro IMPs (ver Introdução).

MENSAGENS EXPRESSAS

★ *O e-mail logo tornou-se a fonte de tráfego de crescimento mais rápido na rede incipiente*, à medida que acadêmicos nos EUA comunicavam-se uns com os outros e compartilhavam dados quase instantaneamente. Hoje, e-mails são de longe o instrumento mais utilizado na Internet.
★ O primeiro uso público do e-mail ocorreu no começo da década de 80, quando computadores pessoais e BULLETIN BOARD services (BBSs) tornaram-se populares. O programa do "quadro de avisos" transforma um computador pessoal numa espécie de máquina host em uma rede.
★ Outros usuários de computador podem discar para o quadro de avisos usando uma linha telefônica padrão e um modem, conectar-se e deixar mensagens, enviar correio para outros usuários, fazer downloads, jogar etc.

Micreiros fazem sua parte

O sucesso do uso do BBS provocou o surgimento de inúmeros serviços comerciais de porte, como Compuserve, Delphi e BIX nos EUA e CIX no Reino Unido, todos oferecendo e-mail como padrão.

o bom e velho carteiro ficou pra trás?

CORREIO LESMA JÁ ERA

★ A idéia do e-mail pegou rápido. Agora já não era preciso sair para postar uma carta. Tampouco era necessário esperar vários dias até que ela chegasse a seu destino. Ao enviar eletronicamente uma mensagem via computador, ela atinge seu destino quase instantaneamente, e pode ser lida pelo destinatário e respondida de modo igualmente rápido.

★ Infelizmente, o e-mail funcionava somente se tanto o remetente quanto o destinatário assinassem o mesmo serviço – o mesmo BBS, para *hobby* ou para acesso público – ou se suas máquinas fossem fisicamente conectadas (por exemplo, via uma LAN dentro do mesmo prédio de escritórios). Com o crescimento do acesso público à Internet, contudo, o e-mail conquistou seu próprio espaço.

PALAVRAS-CHAVE

ANEXOS:
imagens, programas, arquivos de texto e outros itens anexados a uma mensagem de e-mail.

BBS:
Bulletin Board Service, um tipo de rede de acesso único para computadores pessoais (o software BBS transforma um computador de mesa em um host quando conectado a uma linha telefônica via modem).

MENSAGEM NA GARRAFA

★ ***Hoje não importa que serviço você contrata***, pois no fim das contas todos os provedores estão ligados à Internet e todo mundo pode se corresponder com quem quiser, na Net e no mundo. Mas o correio eletrônico não é utilizado apenas para mandar texto. Você também pode enviar "ANEXOS", como arquivos de dados, gráficos e até programas, embora estes precisem ser codificados pela máquina emissora e decodificados pela receptora.

AVISOS ELETRÔNICOS

★ Outro antigo serviço que precedeu a Internet como rede virtual – e ainda um dos mais populares – é o Usenet, o newsgroup (ou "grupo de notícias").

Usenet – milhares de avisos virtuais

PALAVRAS-CHAVE

FLAME WARS: debates acalorados nos grupos de notícias.

LURKERS: pessoas que "espreitam" (lêem) os grupos de notícias, mas não escrevem.

NEWBIES: usuários novatos de um grupo de notícias (que em geral demoram a entender o que está ocorrendo).

na Usenet você encontra tudo, de fãs de pescaria a admiradores das formas masculina e feminina

SACO DE GATOS

★ Imagine um quadro de recados na escola ou no trabalho. As pessoas penduram mensagens, ofertas etc. Então outras pessoas vêm e as lêem, e talvez pendurem seu próprio bilhete como resposta. Ocasionalmente, dois indivíduos podem se comunicar diretamente após ler o recado um do outro pendurado no quadro de avisos. Agora imagine milhares de recados armazenados eletronicamente em servidores espalhados pelo mundo, todos disponíveis para ser lidos ou enviados a qualquer hora do dia ou da noite por qualquer pessoa em qualquer lugar. Isso, em essência, é a Usenet.

★ ***Pense em virtualmente qualquer assunto sob o sol que lhe interessa, e haverá um grupo de notícias da Usenet devotado a ele***, com gente interessada contribuindo com piadas, ajuda, conselhos, perguntas, anúncios de compra e venda. De radioamadores a entusiastas de carros antigos, estão todos lá, exibindo suas predileções na Usenet.

FLAMAS DA IRA

* ABUSO – conhecido como "flame wars" ou "sair queimado" – também têm seu papel. O verbo FLAMING (queimar) estava reservado àqueles que tentavam vincular serviços comerciais nos tempos em que a Net não era comercial; ou para newbies que perguntavam coisas que já haviam sido discutidas inúmeras vezes antes no mesmo grupo de notícias (cujas respostas estariam disponíveis nos arquivos do grupo de notícias).

* Atualmente, com o assalto global à Internet, os que se consideram parte da elite intelectual – maníacos da computação, professores universitários americanos etc. – são a grande minoria na Usenet. As pessoas que enviam mensagens para a Usenet mais provavelmente são simples homens e mulheres com algo para perguntar ou uma opinião para dar. Como resultado, há menos gente chamuscada.

Peguei!

hoje em dia queima menos

Brincar com fogo?
De tempos em tempos, engraçadinhos tentam deflagrar guerras enviando questões provocativas, mas a tática dificilmente funciona – os grupos de notícias nem se dão ao trabalho de responder.

newbies são um porre

mensagens cretinas são sempre ignoradas

TUDO NO LUGAR

Mailing lists (listas de correspondência) e grupos de notícias são abordagens similares para uma mesma finalidade – propiciar grupos interativos para discutir qualquer tópico que você é capaz de imaginar, e mesmo os que não é capaz (e nem quer).

demais!

A WORLD WIDE WEB

★ Se o e-mail é o serviço mais utilizado da Internet, a World Wide Web é o mais familiar. A WWW é a face mais amigável da Internet, uma experiência multimídia de páginas de hiperlinks apresentando com freqüência incríveis textos, gráficos, sons e animações, todos facilmente acessíveis ao aponte-e-clique do navegador.

PALAVRA-CHAVE

MULTIMÍDIA: imagens estáticas ou animadas, sons e texto combinados eletronicamente.

TEIA DE NOMES

Seja dizendo World Wide Web, WWW ou simplesmente Web, e chamando seu conteúdo de Web sites, websites, sites ou páginas, tudo designa a mesma rede global de páginas de multimídia com hiperlinks.

sabe, querido, foi uma experiência inesquecível

Estive em Nebraska, Tasmânia e Bogotá...

...e tudo is antes do ca

a web é uma verdadeira caverna de tesouros de Aladin

VOCÊ É INESQUECÍVEL

★ *Alguns sites oferecem todas essas coisas, outros, pouco mais do que simples texto e talvez uns poucos hiperlinks* – mas seja lá o que você encontre nos sites que acessa, navegar na Web é uma experiência inesquecível.

★ A World Wide Web é simples de usar e, ao mesmo tempo, uma FERRAMENTA PODEROSA para quem quer acesso fácil a informação difícil. Quase todas as agências governamentais, órgãos públicos e a mídia consideram a presença na Web essencial – embora muitos ainda não saibam o que constitui um bom site (não basta ter um); e atualmente milhares de pequenos negociantes anunciam seus produtos na Web, muitos deles à venda online com o clicar de um mouse.

★ Além do mais, milhões de indivíduos pelo mundo afora montaram seu próprio Web site, em geral para divulgar sua paixão por vinho, *rappel* ou uma coleção qualquer; mais freqüentemente, porém, apenas para tomar parte na teia do ciberespaço. "Oi, eu sou o Amoroso!", pode despertar um mundo de possibilidades eróticas, ou simplesmente ser a home page de um José Amoroso, de Quixeramobim.

legal
tanta coisa sobre fazer vinho

a net é um ciberparaíso para fissurados de todo tipo

se você quer conhecer o Amoroso clique aqui!

PRIMEIRO ENTRE IGUAIS

Cada vez mais a Web está substituindo – ou pelo menos oferecendo uma alternativa para – muitos dos serviços tradicionais, como e-mail, grupos de notícias e downloads, que podem ser acessados por meio de suas páginas. Serviços como o Archie hoje são acessados quase inteiramente via Web.

ARQUIVOS NA FAIXA

★ Sem dúvida por motivos filantrópicos, muitos gerenciadores de sistemas informatizados deixam dezenas, às vezes centenas, de megabytes de espaço no disco rígido disponíveis para armazenar sharewares ou programas de domínio público para que as pessoas tenham acesso e download livres. Isso é alcançado usando um método de transferência de dados conhecido como "FTP", ou às vezes "FTP anônimo".

tudo de graça (por algum tempo)

o shareware é livre para teste por um período, depois é preciso pagar

PALAVRAS-CHAVE

FTP ANÔNIMO: servidores que disponibilizam seus arquivos.

CLIENTE: programa que é utilizado para acessar um servidor e criar uma relação cliente-servidor.

SOFTWARE DE DOMÍNIO PÚBLICO: programa doado por seu autor ao mundo em geral, assim qualquer um pode usar sem pagar.

SHAREWARE: similar ao anterior, só que depois de um tempo é preciso pagar uma taxa para que continue funcionando.

NENHUM CONHECIMENTO É NECESSÁRIO

★ Como em muitos outros serviços, ***apenas uma leve familiaridade com a tecnologia é necessária*** para usar o FTP, pois todo o trabalho duro é feito pelo programa. Tudo que você tem a fazer é apontar seu cliente "FTP" para um FTP servidor, navegar os diretórios do site para localizar o material que você quer, depois clicar nos arquivos e baixá-los em seu computador. Parte disso é shareware, a maioria é domínio público e tudo é muito útil.

★ O programa de cliente FTP pode ser encontrado como shareware em inúmeras fontes na Internet (o provedor em geral oferece aos usuários uma seleção de ferramentas populares para download). Há versões para PCs e Macs, e uma variedade de sistemas operacionais, incluindo Windows e Unix. Dois dos mais populares são o cliente Windows WS_FTP e o Fetch para Macintosh (fontes para os dois estão no Apêndice). O sistema operacional Unix possui um cliente FTP "construído" – você simplesmente digita "ftp" e o nome do servidor em questão quando solicitado.

TRABALHADOR REMOTO

★ ***Os programas clientes são desenhados para negociar uma conexão com um servidor FTP remoto***, usando seu endereço de e-mail como um nome de login e a palavra "guest" (convidado) como senha (no FTP "anônimo" não é preciso ter uma conta com o servidor para conectá-lo). Você será então apresentado a uma lista de diretórios e arquivos.

com o FTP, você é um convidado

★ ***Navegar assim será brincadeira para qualquer um vagamente familiarizado com um sistema operacional GUI***, como Windows ou o sistema e busca do Mac da Apple.

AQUI E ALI

O FTP é usado tanto para uploads como para downloads. Alguns servidores FTP têm um diretório especial de uploads.

vapt-vupt

usar o FTP é brincadeira de criança

O QUE EXATAMENTE É FTP?

FTP (File Transfer Protocol) é o nome do protocolo envolvido em baixar arquivos. Ele negocia uma conexão com o servidor remoto, transfere os arquivos e checa erros. A sigla é hoje também usada como descrição abrangente do processo, como em "Fazer um FTP do arquivo do site xyz".

DOWNLOAD COM FTP

★ Há dois tipos de download disponíveis. Textos são transferidos na forma de arquivos ASCII simples, mas programas são transferidos como arquivos binários para assegurar que "rodem" depois. Em geral, não é necessário escolher entre os dois métodos de download, pois o cliente realizará isso por você.

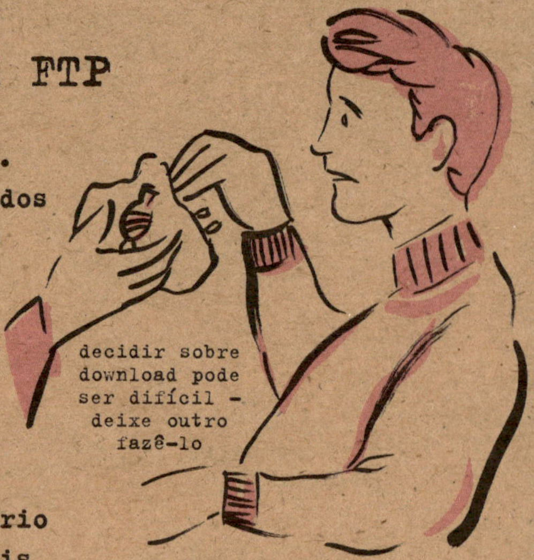

decidir sobre download pode ser difícil - deixe outro fazê-lo

O QUE ESCOLHER

★ Se você tiver de escolher, os arquivos de texto provavelmente terão a extensão ".TXT" no nome do arquivo e arquivos binários de PC estarão rotulados ".EXE" ou ".COM". Outros, constituem arquivos binários compactados com extensões como ".ZIP" e ".LHA".

HORA DO RUSH

★ Alguns dos mais populares servidores FTP dedicados têm uma impressionante quantidade de dados trafegando por eles, e assim talvez você ache difícil se conectar, ou a transferência pareça vir em gotas. Servidores FTP não dedicados muitas vezes são limitados a talvez umas poucas dezenas de VISITANTES ANÔNIMOS de cada vez, ou até menos que isso.

PALAVRAS-CHAVE

APLICATIVO: um programa de computador, como um processador de texto.

ASCII: American Standard Code for Information Interchange, modo padrão de especificar códigos alfanuméricos e outros caracteres.

ARQUIVOS BINÁRIOS: programas de computador (por oposição a arquivos de texto e imagem).

SERVIDOR DEDICADO: servidor devotado a realizar uma tarefa.

★ O macete é ser paciente e levar em conta os horários de dormir de usuários de outros países. Se você estiver no Reino Unido, a melhor hora para acessar um servidor nos EUA é do início à metade da manhã – melhor ainda se for no sábado ou domingo, para aproveitar o benefício de desconto das chamadas telefônicas.

procure evitar a hora do rush na net

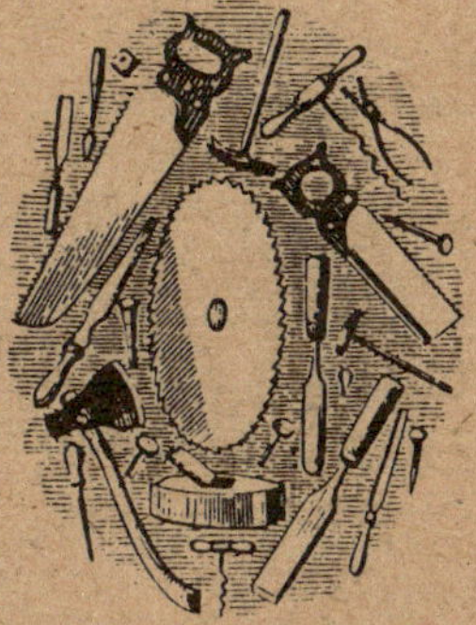

seu provedor disponibilizará ferramentas úteis para você

CAIXA DE FERRAMENTAS

Programas para acessar os serviços da Internet estão disponíveis de graça em sites FTP – embora isso seja uma situação tipo ovo-ou-galinha, pois para pegar essas ferramentas você precisa ser capaz de se conectar e usar a Internet. Muitas vezes seu próprio provedor manterá uma seleção dos aplicativos mais populares e ferramentas de Internet para poupá-lo de procurar.

GRÁTIS PARA TODOS

Aplicativos de domínio público (também conhecidos em inglês como PD, freeware, giftware etc.) são programas liberados para distribuição por seus criadores. Você não precisa pagar para adquiri-los ou usá-los, mas informes de copyright e certos arquivos de texto contendo dados sobre o autor não devem ser jogados fora ou alterados. Você pode adquirir um SHAREWARE de graça, mas terá de pagar uma taxa para continuar a usá-lo após um período de teste. Alguns dos programas disponíveis mais interessantes podem ser obtidos de graça ou a custo muito baixo na Net – incluindo o browser mais popular do mundo, o NETSCAPE NAVIGATOR.

selecione uma hora para navegar

ACESSANDO INFORMAÇÃO

é mais fácil encontrar informação na net

★ Concebido pelos programadores Paul Lindner e Mark McCahill, da Universidade de Minnesota, no fim da década de 80, o Gopher ("esquilo") é um serviço de Internet destinado a prover acesso a informação arquivada, em vez de arquivos verdadeiros. Os servidores Gopher (em geral chamados simplesmente Gophers) são ligados entre si, e a massa de informação linkada é conhecida como Gopherespaço. Nos servidores Gopher a informação é organizada em menus.

Rato de Web

O Gopherespaço continua lá fora, e você pode acessá-lo utilizando um cliente Gopher dedicado ou uma porta da Web. Ele oferece ainda muita informação qualificada, embora a maioria seja de natureza acadêmica.

"posso ver o menu, por favor?"

OFUSCADO PELA WEB.

★ ***Antigamente bastante popular, o Gopher hoje meio que caiu em desgraça***, por dois bons motivos. Alguém precisa organizar e catalogar dados nos servidores Gopher – antes uma tarefa relativamente fácil, mas hoje quase impossível dada a ESCALA CRESCENTE DE DADOS encontrável na Net. Talvez um fator mais importante, no entanto, tenha sido o fenomenal sucesso da World Wide Web. A Web faz muito mais coisas do que o Gopher é capaz; e as páginas multimídia da Web são muito mais sedutoras do que os menus de texto do Gopher.

ACHAR ARQUIVO

★ É fantástico ser capaz de baixar arquivos gratuitamente, usando um FTP anônimo, mas primeiro você tem de saber onde encontrá-los. Uma forma de fazer isso é usando o ARCHIE, um sistema de busca por toda a Net, concebido na Universidade McGill, Canadá. O Archie pesquisa servidores Archie especiais, que apresentam extensos catálogos de arquivos para download, armazenados em sites FTP.

os servidores gopher estão ligados para formar o gopherespaço

★ ***Os servidores Archie são acessados usando um programa de cliente Archie*** como WS_Archie para o PC. Para começar uma busca, conecte-se ao seu provedor, rode o cliente Archie, depois selecione um servidor Archie disponível (escolha um que esteja perto).

★ Especifique um padrão de busca (em geral, o nome do arquivo que você está tentando achar). Selecione um tipo de busca, como case-sensitive, substring etc. Indique o número de resultados, comparando o padrão de busca que você quer esquadrinhar (quanto menos, melhor) e, então, ponha o Archie para trabalhar apertando search, submit ou start.

DE ONDE VÊM OS NOMES

O nome Gopher deriva de "go fer" (forma coloquial nos EUA de dizer "go for", "buscar") e da equipe esportiva da Universidade de Minnesota, os Golden Gophers ("esquilos dourados").

Olá, Archie

Como muitos outros serviços clássicos da Internet, o Archie hoje pode ser acessado via Web. Há vários servidores Archie relacionados na página 188. Para usar um deles, direcione seu navegador, digite em seu padrão de busca, clique em submit e o servidor fará o resto.

você pode obter respostas bem tolas do archie

CASAL DO CLIQUE

Archie tem uma prima chamada Verônica. Enquanto Archie busca sites FTP, Verônica busca no Gopherespaço.

estou surpreso
que ela chegue
existir

ABORDAGEM DIRETA

★ Confiança é uma coisa frágil. Diante das espetaculares histórias recentes sobre hackers, worms, vírus e coisas assim, regularmente veiculadas pela mídia durante os últimos quinze anos em sua cobertura do universo da informática, é um milagre que um meio de comunicação de arquitetura aberta como a Internet sequer exista.

a internet é uma mina de histórias sensacionalistas e assustadoras

ACESSO LIVRE

★ Assim, é mais do que extraordinário que muitos hosts não apenas disponibilizem Web sites, servidores FTP e outros serviços para qualquer um com um computador e um modem, mas que também abram suas portas de silício e permitam que você se conecte e manipule as máquinas deles como se estivesse sentado em um terminal ligado diretamente a elas.

★ *Chamamos a isso telnet*, um legado de dias passados, quando usuários de computadores Unix "davam telnet" nas máquinas uns dos outros para acessar dados.

INTERFACE ELETRIZANTE

★ Uma conexão telnet é de texto apenas. Você verá um PROMPT DE LOGON, seguido de um pedido de SENHA, e então talvez um menu de opções que leva a telas de texto.

PALAVRAS-CHAVE

FINGER:
utilitário Unix para localizar usuários na Net

MUGS/MUDS/MOOS:
jogos de computador online para multiusuários.

OS:
sistema operacional (em inglês), o programa central de um computador.

UNIX:
sistema operacional baseado em texto criado pela gigante americana das telecomunicações AT&T.

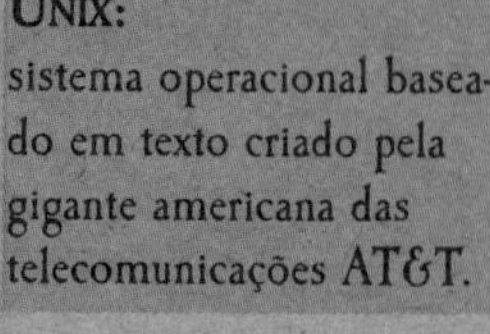

pegamos um vírus

* Se você der um telnet num sistema Unix, tudo que vai ver é um prompt de shell, e provavelmente terá de usar alguns dos UTILITÁRIOS padrão do Unix, como o finger (para localizar um usuário em particular), ou comandos OS como ls, cd, cat, pwd etc. Um negócio eletrizante para quem está acostumado com uma interface inteligível!

* O que você pode fazer quando realiza uma conexão telnet depende das VANTAGENS contratadas junto à conta que você escolheu.

todo mundo é bem-vindo na telnet

* Para dar telnet você precisa de um cliente telnet (como poderia ser diferente?). Ele pode ser um cliente dedicado como o Telnet, que vem com Windows, ou um NCSA para Mac. Ou pode vir na forma de um software de terminal compatível com VT100 ou VT52 (para transformar sua máquina moderna num terminal mudo!), como o pacote de aplicativos do Windows HyperTerminal ou o Zterm para Mac.

FAZENDO AMIGOS

Se você quer muito explorar um host particular mas não tem conta regular, pode enviar um e-mail para um(a) gerente de sistemas afável e persuadi-lo(a) a lhe prover um. Viciados em computação são bastante amigáveis com quem realmente se interessa.

Hora de brincar

Hoje, a telnet é mais usada para acessar jogos multiusuários online (MUG) ou pesquisar sistemas operacionais experimentais, como o Minix (um similar do Unix), ou ainda contatar sistemas de biblioteca ou departamentos governamentais que têm informação para disseminar mas ainda não possuem página na Web.

FECHE A PORTA

Quando você terminar sua conexão telnet, verifique se saiu (log out) corretamente – ou então o host vai perder tempo tentando servir um cliente que já foi embora faz tempo. Não é uma tragédia, mas é falta de "netiqueta" de qualquer maneira.

LINHA DIRETA

★ Sempre uma grande fonte de tráfego, as comunicações pessoais de vários tipos desempenham uma enorme parte no vaivém da Internet. Há, claro, os e-mails, mas muita gente prefere um método ainda mais imediato de comunicação conhecido como IRC.

o IRC é como um chat no telefone

PALAVRAS-CHAVE

CANAL: uma linha de comunicação para usuários do IRC.

IRC: Internet Relay Chat, conversas digitadas em tempo real na Net.

PAPO FURADO

★ *O IRC é um protocolo de comunicações em tempo real que permite aos usuários conversar como num telefone* – mas em vez de usar a voz, usa-se o teclado.

★ Conversas em IRC ocorrem via "CANAIS" (designados pelo jogo da velha, como #newbie), fornecidos pelos servidores IRC, assim como os FTP pelos servidores FTP.

PERDA DE TEMPO?

★ Tudo isso soa como uma forma fácil e barata de se comunicar com amigos e parentes distantes. Mas não seria o IRC apenas mais uma forma de perder incontáveis horas no teclado? É uma DIVERSÃO (bem...) tanto quanto o rádio amador foi certa vez.

pode-se conversar horas com pessoas de interesse parecido

✱ Há muita gritaria virtual e um monte de gente estranha que esconde a identidade, o lugar de origem e o que faz. É claro que o IRC pode ser um modo rápido e conveniente de manter conversas interessantes com pessoas de interesses semelhantes. Mas geralmente não passa de conversa fiada nas horas livres.

✱ Além do mais, ***fique alerta para o fato de que você talvez não esteja conversando com uma pessoa real***. Programas-robôs ("bots", no linguajar do IRC) são conversadores interativos automatizados que podem simular mais vivacidade do que muitos usuários reais. E, é claro, a conversa pode ser de verdade – há gente que alega ser um bot mas é de fato humana!

uma antiga piada da Internet diz que ninguém sabe se você é um cachorro

a maior parte do que rola no IRC é papo furado

MUNDO CÃO

Uma antiga piada da Internet diz que ninguém sabe se você é um cachorro. Isso descreve bem o IRC. Alguns usuários adotam toda espécie de identidades esquisitas e malucas, e a verdade pode ser impossível de descobrir.

VOCÊ FALA IRC?

/ADMIN tela e informações do servidor
/CLEAR limpa a tela
/TIME mostra a hora certa (e o dia)
/WHO lista todos os usuários do canal

MERGULHE NESSA

★ Para usar o IRC, você precisará de um software cliente IRC, que pode ser obtido de graça ou em shareware. Os usuários de Windows 95 devem buscar um mIRC, e para Macintosh, da Apple, há o Ircle (ver Apêndice). O Windows 98 vem completo com um cliente IRC chamado Microsoft Chat.

vou tentar mergulhar no IRC

HORA DE PAPO

★ *Com sua conexão à Internet estabelecida e funcionando, abra o programa IRC e selecione um servidor IRC apropriado.* Procure localizar um que esteja geograficamente perto de você. Assim você evita demoras ao enviar e receber mensagens.

★ Digite /list para ver uma lista de canais disponíveis e sobre o quê estão falando. Quando encontrar um com o qual queira interagir, digite /nick mais um nickname (codinome) para proteger sua identidade, seguido de /join # channel.

★ Se, por outro lado, não houver nenhum canal voltado a assuntos de seu interesse, digite /join mais um nome de canal (precedido por um #) para começar seu próprio canal.

eu nunca vi isso

todo hobby é encontrado no IRC

★ Quando você se junta a um canal, os usuários existentes vão enviar uma mensagem como "Scooby se juntou ao canal #Cartoons", de modo que todos saibam de sua chegada. Você pode ser saudado ou ignorado. Leia o que encontrou por lá, acompanhe a conversa e faça seus próprios apartes. Quando estiver satisfeito, digite /leave ou /quit. Se você achava que a Net tinha muito jargão desnecessário, espere só até ver um canal IRC.

não forneça detalhes pessoais, principalmente seu endereço

SEGURANÇA PRIMEIRO

★ O Internet Relay Chat (IRC), como qualquer outro meio de comunicação aberto, deve ser usado com CAUTELA. Não passe adiante detalhes pessoais, que podem ser usados para descobrir quem você é ou onde vive (alguns tipos bem bizarros espreitam nas sombras do IRC). Embora haja diretrizes para segurança e bate-papo polido, elas são largamente ignoradas. Se você não gosta do jeito de um determinado canal, vá para outro ou comece o seu.

INTENSIVÃO DE IRC

Descubra os detalhes picantes do IRC endereçando seu browser para **http://www.kei.com/irc.html**

NÃO DÊ BOLA

★ ***Você pode reclamar para o provedor sobre usuários IRC desagradáveis***, mas em geral a melhor coisa a fazer é ignorá-los. E não responda na mesma moeda, a menos que queira passar uma hora cuspindo fogo – fazendo o jogo do engraçadinho.

tente não se envolver em discussões

CAPÍTULO 2

O MUNDO DA WEB

★ A World Wide Web (ou WWW, Web ou W3) é um universo virtual interativo de hiperlinks que arrola textos junto com imagens, sons e animação, em um imenso espetáculo multimídia, como ninguém nunca viu antes.

HYPE E HIPERLINKS

O grande hype do momento, a World Wide Web, é uma rede virtual mundial de "páginas" criadas com HyperText Markup Language (HTML). Com essa linguagem especial de programação, projetada exclusivamente para a construção de documentos da Web, é fácil criar links orientados a objetos, em qualquer outro lugar da página ou em páginas mantidas em outros sites da rede. A HTML também é usada para estilizar textos, dispor imagens e especificar panos de fundo. Os links das páginas da Web são navegados clicando-se neles. Assim, eles são ativados – e fazem aparecer em sua tela seja lá o que estiver na outra ponta do link, ou o conduzem a outra página.

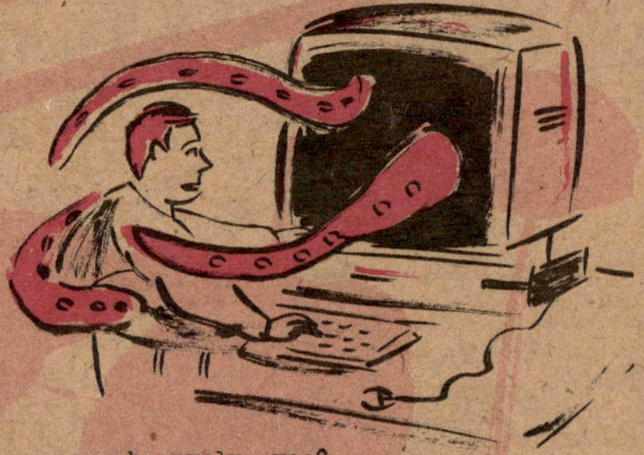

a web envolve você lentamente, com seus tentáculos

O QUE VOCÊ CONSEGUE

★ No mínimo, o que você ouviu falar. A realidade é tudo isso e nada disso. É verdade, muitos dos milhões de páginas da Web têm superefeitos sonoros e gráficos, animações divertidas e uma torrente de informação. ***Mas a Web pode ser um negócio desorientador para os não-iniciados, e um rematado desapontamento para o usuário iniciante e não familiarizado com tecnologia*** que se sente compelido a entrar nessa por modismo.

★ De fato, a Web é uma experiência cativante que lentamente o envolve com suas malhas virtuais, e o arrasta para dentro de seu universo

Quase sem perceber, você estará feito louco clicando e clicando Web adentro, de repente num site da Islândia, depois por meio de um hiperlink indo parar num site do Japão, sendo em seguida arrastado pelos preços das plantações de bananas, antes de cair na home page de um texano típico, dedicada a seu cavalo e sua picape. E tudo da segurança de seu próprio mouse e seu monitor.

ALGO PARA TODO MUNDO

★ ***A Web oferece todo um planeta de informações linkadas entre si de forma inteligente para uma experiência orientada a objetos***, que se torna mais fácil e sedutora cada vez que você a utiliza. Sejam seus interesses ou passatempos, necessidades profissionais ou lazer, em algum lugar da Web alguma outra pessoa se sente como você e criou um site para o assunto.

PALAVRA-CHAVE

HTML:
HyperText Markup Language, a linguagem de programação usada para criar páginas de Web.

MARCANDO COM HTML

O HyperText Markup Language funciona usando um sistema de "marcas" que diz ao navegador como interpretar e mostrar o que vem em seguida. Elas são assim:

<H1> Este é um cabeçalho de Web page </H1>

Escrever em HTML não é particularmente difícil, mas leva tempo, e muitos programadores de HTML usam um programa editor, que faz para as páginas de Web o que o software editor da área de trabalho faz para a página impressa. Seu uso simplifica a programação, capacita o programador a se concentrar no aspecto e conteúdo da página da Web, em vez de lidar com marcadores.

CIRCULANDO POR AÍ

* Como navegar nas inúmeras páginas da Web? Usando um programa navegador. Inicialmente capaz de mostrar apenas texto, mas hoje totalmente baseados em GUI, os navegadores de Web executam diversas funções. Além de navegar pelos sites na Web - que o fazem utilizando HyperText Transfer Protocol (HTTP) e URLs - eles traduzem o HTML encontrado ali em texto estilizado, bem como sons e imagens.

todo mundo surfando

PALAVRAS-CHAVE

GUI:
Graphical User Interface, um sistema operacional de computadores que apresenta janelas e ícones na tela e é controlado por mouse e cursor.

HTTP:
HyperText Transfer Protocol, o protocolo usado para transmitir páginas de hipertexto da Web pela Internet de modo que sua multimídia permaneça intacta.

SURFANDO NA WEB

* NAVEGAR pelos Web sites, pular via hiperlink de uma página para outra é chamado "surfar na Web", ou simplesmente "SURFAR".

* Um navegador permite que você salve ou imprima informação de um Web site. Ele também mantém um registro de sites visitados por você recentemente, possibilitando ir "para

a world wide web é o sonho de inúmeros filósofos tornado realidade

a web é em grande parte sem controle ou censura

frente" ou "para trás" de página em página. Além do mais, o navegador de Web pode ser usado como banco de dados de seus sites FAVORITOS. Assim, quando estiver visitando um de que goste particularmente, basta adicionar seu URL ao banco de dados do navegador – e quando desejar voltar a ele outra hora, tudo que precisa fazer é selecioná-lo no menu de sites favoritos.

✱ Juntos, a World Wide Web e o navegador de Web representam a concretização de uma visão compartilhada por um corpo distinto de cientistas da computação, filósofos, figuras literárias e outros, nos últimos 50 anos ou mais – o conceito de um universo virtual de documentos linkados orientados a objeto. De fato, pode-se dizer que essa visão hoje é realidade: o docuverso (ver página 40) sonhado por Ted Nelson, Doug Englebart e Vannevar Bush está aqui.

O POVO NO PODER

Muitos órgãos tentam controlar a Internet, determinar seus padrões e dirigir sua evolução – sem sucesso. Uma força bem mais poderosa na evolução da Web tem sido a indústria pornô, provavelmente a responsável pela maior quantidade de tráfego da rede e impulsionadora das inovações, como continuidade (streaming) de som e vídeo, transações seguras com cartão de crédito e tecnologia de compra com cartão.

ANARQUIA POTENTE

As razões para o sucesso da Web são múltiplas, e duas se destacam: o fato de que ninguém é dono da Web e de que há pouca ou nenhuma censura. Desimpedida de fronteiras, barreiras financeiras, compromissos políticos e credos religiosos, a Web transcende os limites impostos pelo homem para facilitar, nada mais nada menos, do que comunicações entre todos, em qualquer lugar com acesso a um computador e um modem.

NASCE UM NAVEGADOR

★ Anteriormente (Introdução), vimos como o modesto programador do CERN, Tim Berners-Lee, impressionado pela interface orientada a objeto do computador NeXT, inventou um protocolo que se comportaria de modo similar na sempre crescente Internet e batizou sua invenção de World Wide Web.

um mestre-cuca muito especial era necessário para cozinhar a mistura final

COMBINANDO OS INGREDIENTES

★ *Embora fosse uma idéia extremamente poderosa, o protocolo de World Wide Web no início não vingou*, devido a sua interface somente de texto. Fácil de usar para cientistas da computação e programadores, uma interface de texto pode ser desanimadora para não técnicos – as mesmas pessoas que têm acorrido em massa à Internet. Os ingredientes estavam disponíveis, mas precisavam de um outro mestre-cuca para transformá-los num prato apetecível.

PALAVRAS-CHAVE

FRONT-END:
a parte do sistema operacional usada para se interagir e controlar um computador, como a área de trabalho do Windows ou o Finder do Mac.

LINUX:
versão de Unix de domínio público, com seguidores fanáticos na Net.

PORTAR:
ato de traduzir um programa escrito para computador, a uma máquina incompatível.

STREAMING DE SOM E VÍDEO:
sons e imagens animadas, transmitidos ao vivo pela Internet.

X-WINDOWS:
a versão do Windows para PCs e do Finder para Mac do sistema operacional Unix.

AMOR À PRIMEIRA VISTA

Andreessen percebeu a necessidade de um browser para a Web com interface gráfica

★ Em 1992, **Marc Andreessen** era estudante de pós-graduação na Universidade do Illinois, em Urbana-Champaign (UIUC), um dos primeiros nós da incipiente Internet, no início dos anos 70. Renomada por estar na linha de frente da ciência da computação, a universidade comandava um serviço de distribuição de supercomputadores, o National Centre for Supercomputer Applications (NCSA), que oferecia aos cientistas do mundo acesso aos computadores Cray – os mais rápidos disponíveis. O NCSA era mantido por um grupo itinerante de professores e alunos de pós-graduação, entre eles, Andreessen.

★ ***Segundo se conta, um dia Andreessen estava vasculhando a Net quando deu de cara com a World Wide Web de Tim Berners-Lee***, foi imediatamente cativado por ela e num segundo percebeu sua única verdadeira falha – a falta de um navegador com uma interface gráfica. Com alguns amigos também estudantes, determinou-se a bolar um. O resultado foi um browser do tipo aponte-e-clique, chamado por eles de Mosaic para X (sendo X o front-end GUI usado em computadores rodando sistemas operacionais Unix e Linux).

Mais Mosaic

Andreessen portou seu navegador Mosaic baseado em GUI para o PC e o Mac, e então o disponibilizou gratuitamente na Net para que qualquer um fizesse seu download. Um ano depois ele teria um milhão de usuários no mundo todo.

"Eu tenho de escrever isso..."

Andreessen ficou feliz com o sucesso

DO MOSAIC AO NAVIGATOR

* O Mosaic estava destinado a ser um sucesso estrondoso, embora Andreessen mal percebesse isso à época. Aplicativos escritos por estudantes do UIUC eram automaticamente propriedade da universidade – e parecia que Andreessen e outros ficaram felizes apenas por ter escrito algo que fez sucesso, sem avaliar a escala gigantesca de seu potencial comercial.

PALAVRA-CHAVE

DOWNLOAD: copiar um programa ou arquivo de texto de uma máquina para outra em uma rede.

ENTUSIASMO CONTAGIANTE

* Nesse ponto, **Jim Clarke**, fundador da companhia high-tech de Stanford SGI, apareceu em cena. Recém-saído da SGI, Clarke procurava um projeto novo. Nesse meio tempo, Andreessen havia deixado a UIUC e fora contratado por uma pequena companhia de software do Vale do Silício. Sabendo do sucesso do Mosaic e da chegada do programador na Costa Oeste, Clarke foi atrás de Andreessen e ficou impressionado com o entusiasmo do jovem pelo navegador. Decidiu, então, juntar a equipe que havia projetado o programa e fundou uma nova empresa, a Mosaic Communications Corporation, para comercializá-lo.

* *A dupla voou para Illinois e conseguiu recrutar cinco dentre os sete programadores originais* (sendo o

a equipe de Andreessen foi remontada

próprio Andreessen o sexto). O sétimo membro, Chris Wilson, fora empregado pela Microsoft e não tinha a menor vontade de largar

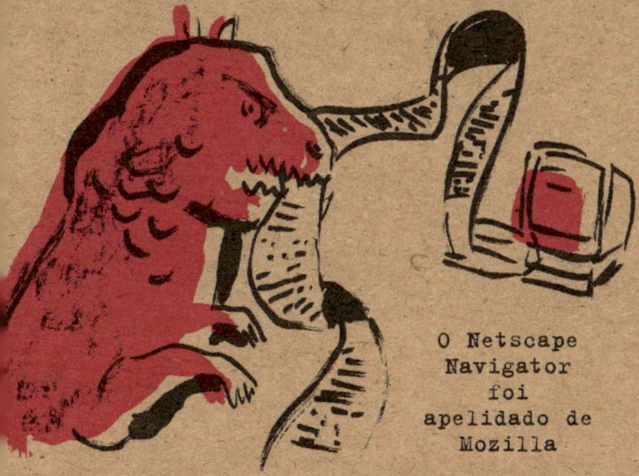

O Netscape Navigator foi apelidado de Mozilla

uma cadeira segura na gigante do software por uma incerta numa incipiente companhia.

★ A primeira tarefa da nova empresa foi fazer contato com a UIUC para obter os DIREITOS de comercializar o Mosaic. Isso, achavam, seria uma mera formalidade. Para sua surpresa, a universidade se recusou a abrir mão do Mosaic e não mudou de posição. Mas como o talento em programação não era exatamente um problema para eles, a equipe rapidamente reescreveu seu browser e chamou-o de MOZILLA – embora seu nome comercial (que refletia o novo nome da empresa) viesse a ser Netscape Navigator.

VINGANÇA LEGENDÁRIA

★ Apesar do nome comercial do Navigator, internamente o navegador da Netscape sempre foi chamado de Mozilla – ***uma referência a sua missão de mastigar o Mosaic e passar adiante.***

Marketing de mestre

A parte mais brilhante do projeto foi o marketing. Em vez de vender o programa do modo tradicional, a Netscape o disponibilizou para download em shareware na Net. Em casa, os usuários poderiam se servir dele sem empecilhos, mas usuários comerciais teriam de pagar uma taxa relativamente baixa após o período de teste. Foi um sucesso retumbante. O mercado de navegadores explodiu, e em 18 meses o Netscape Navigator se tornou, nas palavras de Clarke, "o produto mais rapidamente assimilado da história", com uma base instalada de usuários de 65 milhões de pessoas. Segundo Clarke, "Ninguém jamais conseguiu uma base instalada de 65 milhões – exceto talvez a Microsoft". Obviamente, ela nunca iria deixar um sucesso como aquele passar em brancas nuvens.

"mas querido, ninguém nunca conseguiu uma base instalada de 65 milhões"

dr. microsoft explorer, eu presumo

DA MSN AO EXPLORER

★ Enquanto o Netscape Navigator marchava inexoravelmente para dentro dos lares, escritórios e universidades da comunidade online mundial, a Microsoft continuava a remar numa dispendiosa barca furada, a Microsoft Network (MSN).

a microsoft começou a explorar um novo território

ENTRA O EXPLORER

★ Uma rede essencialmente fechada utilizando protocolos próprios, a MSN era a visão da Microsoft de um futuro online. Não era a primeira nem a última vez, contudo, que a Microsoft subestimava o poder da Internet e seu vasto universo de usuários.

★ Ficou óbvio para a Microsoft que se ela quisesse restringir o crescimento do Netscape e de outras companhias voltadas para a Internet, teria de subir a bordo do trem eletrônico antes que fosse tarde demais.

★ Assim, a empresa lançou seu próprio browser, o INTERNET EXPLORER. Embora o Explorer tivesse muito da aparência e da sistemática do Navigator, havia uma diferença importante – a Microsoft decidiu distribuí-lo totalmente grátis para quem quisesse, do mais humilde usuário doméstico à maior corporação comercial. Fazendo isso, seriam capazes de romper com o domínio do mercado exercido pelo Netscape e

PALAVRA-CHAVE

TESTADOR BETA: pessoa que procura por problemas (bugs) em softwares recém-lançados.

CABEÇA A CABEÇA

Seja como for que os usuários da Net se sintam em relação à Microsoft, não resta dúvida de que o Internet Explorer é um navegador poderoso, com uma série de virtudes. O consenso entre os *experts* é de que o Navigator está à frente na facilidade de uso – mas se isso for verdade, o Explorer não fica muito atrás.

resgatar o interesse do número crescente de usuários de computadores online.

FREEBIES PARA NETIZENS

★ Nos anos que se seguiram ao lançamento do Internet Explorer, a Microsoft tornou-se objeto de ação judicial (até hoje sem solução) sob a acusação de ter obtido muito controle sobre um mercado poderoso e de haver espoliado o mercado de outras companhias dando seus produtos gratuitamente na luta por uma base instalada de usuários (em outras palavras, você!).

★ E para os usuários da Net, há outro benefício da guerra do browser. A intensa competição tem levado a uma inovação em uma escala de tempo difícil de acreditar. Os updates para os principais pacotes de softwares são lançados em média a cada trimestre, e os netizens mais afoitos podem obter <u>VERSÕES BETA</u> gratuitamente.

a guerra do browser trouxe benefícios para o usuário

a microsoft continua sendo objeto de ação judicial

EXPLORER VS. NAVIGATOR

O Navigator já teve mais seguidores do que o Explorer – mas, com o lançamento do IE 4.0, a Microsoft produziu um browser capaz de emparelhar ou até vencer a competição. Paradoxalmente, dada sua imensa liderança, o Navigator mudou sua estratégia de navegador tudo-em-um, com correio e novas ferramentas no mesmo aplicativo (versão 3.0), para se tornar uma série de programas sob o nome abrangente de Netscape Communicator. Agora há programas individuais para notícias, correio e a Web, cada um selecionado de uma barra de menu, muito mais próximo da forma como o Explorer dispõe seus vários serviços de Internet.

USANDO O NAVIGATOR

✱ Esteja você usando o Netscape Navigator para Mac ou para PC, a interface do programa e o modo de operar são basicamente iguais. O aplicativo é iniciado com um clique duplo no ícone, que se abre mostrando uma janela padrão com barra de menu, várias barras de ferramentas e um campo de localização onde você pode digitar URLs.

PALAVRAS-CHAVE

BOOKMARKS:
nome no Navigator para URLs favoritos.
EMBUTIDO:
um link de URL dentro de uma página de Web.
MECANISMO DE BUSCA:
serviços da Web que realizam buscas com palavras-chave.

Bookmarks

Depois de surfar por algum tempo você provavelmente vai descobrir Web sites que gostaria de visitar outra vez. O Navigator oferece um sistema de bookmarks ("marcadores de página") para armazenar os URLs de sites favoritos. Na barra de menu, clique em Bookmarks e selecione Adicionar Bookmark. Toda vez que abrir esse menu, ele mostrará o que você armazenou.

NA CRISTA DA ONDA

✱ Uma vez iniciado, o programa acessará e mostrará a home page da própria Netscape na janela principal, a menos que você opte por abri-lo com uma página inicial diferente. Nesse momento, você pode tanto digitar um novo URL no campo de Localização como simplesmente clicar um link para começar a surfar.

✱ Os links são destacados com uma COR (em geral azul) e um sublinhado. Ao mover o cursor sobre um link a seta muda de forma e o URL embutido associado com o link surge na parte de baixo da janela do Navigator. Mova o cursor para fora do campo do link se você não deseja acessar seu URL associado.

bookmarks são um modo útil de achar o caminho para seus sites favoritos

✱ Se você clicar em um link e então mudar de idéia, clique no botão PARAR. Para acessar um site anterior, clique em VOLTAR; então, depois de pular de volta por algumas páginas, você pode clicar o botão AVANÇAR para regressar aonde estava. Clique o botão HOME para voltar ao site da Netscape (ou seja lá qual for o site escolhido para página inicial). Enquanto você acessa os links, o ícone "N" no canto superior direito permanece animado, mostrando que o browser está ativo e funcionando.

Seja qual for o navegador escolhido, faça com que ele trabalhe por você

você pode instruir o browser para começar em sua própria home page

ESCOLHA UMA HOME PAGE

✱ Se você criou sua própria home page ou prefere que o browser comece em um site que você usa sempre (um mecanismo de busca, por exemplo), ***selecione Preferências no menu de Opções, depois clique na etiqueta Estilos e clique no campo "Começar com"***. Digite o endereço da nova home page e clique em "OK". Da próxima vez que você iniciar seu navegador, ele irá para esse URL.

PORCAS E PARAFUSOS DO NAVEGADOR

Para surfar, há pouco que escolher entre o Netscape Navigator e o Internet Explorer – embora haja fãs dos dois que morreriam antes de se permitir usar o outro. Ambos apresentam menus de ferramentas, e ambos têm ícones e botões como atalhos para os mais utilizados. Ambos mostram um ícone animado no lado superior direito que indica quando o browser está baixando um site da Web, para que você possa perceber que algo está em andamento. E ambos apresentam um leque de informações junto com o botão da janela do browser.

USANDO O EXPLORER

★ Não é surpresa que o Internet Explorer funcione de maneira bem similar ao Navigator. Você abre o programa com um clique duplo. Depois de aberto, ele acessa a home page da Microsoft (a menos que você escolha outra) e mostra o que há por lá em uma janela padrão.

PALAVRA-CHAVE

FAVORITOS: nome no Explorer para os URLs de seus sites favoritos (são as bookmarks do Navigator).

"é tudo tão excitante na net!"

JOGO DE NOMES

A terminologia do Netscape – bookmarks, links etc. – tende a ser utilizada mais do que a versão do Explorer porque o Netscape tem maior penetração na Net.

o Explorer pode levar você direto para seus locais favoritos

PERAMBULANDO

★ Os links (ou "atalhos", no jargão do Explorer) são exatamente como no Navigator e operam precisamente da mesma forma. Para navegar usando um link, mova o cursor sobre ele, quando então ele mudará e o URL EMBUTIDO será mostrado no canto inferior esquerdo da janela.

"apenas aponte e clique se quiser parar"

* Clique no link, e o ícone "e" no canto superior direito torna-se animado para mostrar que o programa está ativo. Clique o botão PARAR se você mudar de idéia. Uma outra forma é digitar um URL no campo Endereço na parte superior da janela. Para obter uma lista de sites que você visitou recentemente, clique na etiqueta do campo Endereço (à direita dele).

SEUS NEGÓCIOS FAVORITOS

* O Explorer organiza URLs favoritos sob o menu FAVORITOS. Simplesmente selecione Adicionar a Favoritos para armazenar o URL da página da Web que o programa navegador está mostrando nesse momento.

* Os botões de VOLTAR e AVANÇAR funcionam do mesmo modo que no Navigator. Ou você pode clicar no botão HISTÓRICO na barra de ferramentas (no lado esquerdo da janela) e o Explorer mostrará uma lista de todos os sites acessados por você até chegar onde você está agora. Para ir até um deles, clique no nome desejado na lista de histórico.

* Para fazer o programa acessar sempre uma outra página que não a da Microsoft, vá para a página de sua escolha, selecione Opções de Internet no menu de Ferramentas, clique na etiqueta Geral na caixa de diálogo. Agora clique no botão Usar Atual, depois OK. Um outro modo de fazer isso é digitar o URL da página desejada no campo de endereço para definir a página inicial que aparece na caixa de diálogo.

VOCABULÁRIO

O Navigator e o Explorer diferem em áreas bastante superficiais como a terminologia, mas você vai descobrir que logo se sentirá à vontade com a terminologia do seu browser. No sistema operacional do Windows, Explorer chama links de "shortcuts" (atalhos), home pages de "start pages" (página inicial), bookmarks de "favoritos", etc.

"eu adoro navegar para o lar"

PLUG-INS

★ À medida que novas tecnologias são projetadas para aumentar a performance da Web, mais e mais programas são necessários para lidar com elas.

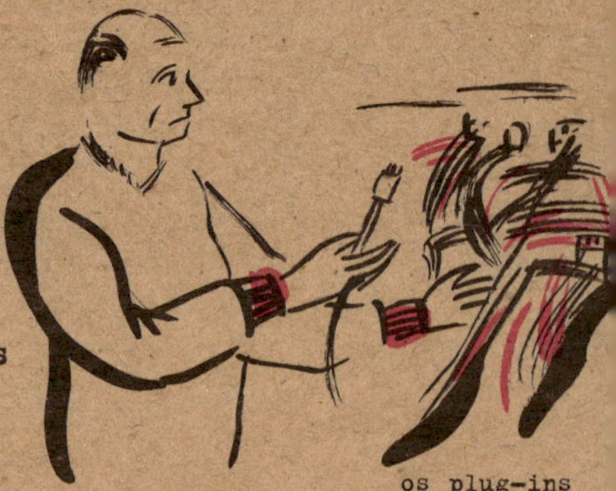

os plug-ins estão pipocando pra todo lado

PALAVRAS-CHAVE

CONTROLES ACTIVEX: versão da Microsoft de plug-ins de navegador.
COOKIES: arquivos informativos armazenados em seu computador por alguns Web sites.
AUXILIARES: aplicativos autônomos (stand-alone) que os navegadores utilizam para executar arquivos e formatos de dados desconhecidos.
PLUG-INS: miniaplicativos que trabalham com o navegador, e se dedicam a uma tarefa específica.

"você sabia que ele agora pode mostrar som e vídeo?"

ATENÇÃO DO RIVAL

★ Felizmente, em vez de ter de rodar esses programas com um aplicativo separado, ***os navegadores usam programas extras como plug-ins e softwares auxiliares***. Desenvolvidos pela Netscape, os plug-ins expandem a capacidade de um navegador para que ele possa lidar com STREAMING DE SOM e VÍDEO, documentos de texto preparados, formatos de arquivos compactados e uma infinidade de outros formatos de dados.

★ Fatalmente, a Microsoft desenvolveu um sistema rival conhecido como "controles ActiveX" (embora o Internet Explorer também possa usar plug-ins). Os controles ActiveX comportam-se da mesma forma que os plug-ins e também se integram com o sistema operacional Windows.

★ O ActiveX ainda não caiu nas graças da rede, em parte porque o sistema de plug-ins da Netscape domina o ciberespaço. Além disso, os programas ActiveX são vistos com suspeita por alguns porque rodam livremente no sistema – se você fizer o download e instalar um desses insidiosos controles ActiveX, os conteúdos do seu computador podem ser apagados.

UM BOM AJUDANTE

★ Outro método de operar com formatos de dados desconhecidos é habilitar o browser a usar aplicativos "auxiliares". Diferente de plug-ins, os auxiliares são aplicativos autônomos que seu navegador pode solicitar quando entra em contato com um elemento da Web que não

o ActiveX não teve muita aceitação

compreende. Por exemplo, o Adobe's Acrobat Reader é um aplicativo autônomo que pode ser usado como auxiliar quando seu browser localiza um arquivo no popular formato Adobe PDF.

FARELO DE COOKIES

★ ***Embora surfar na Web pareça uma atividade essencialmente anônima, na verdade muitos sites estão monitorando suas atividades***, anotando quando foi a última vez que você os visitou, quanto tempo permaneceu e que links ativou enquanto esteve lá. Para saber disso, os Web sites armazenam pequenos arquivos informativos no computador cliente conhecidos como COOKIES (biscoitos).

você pode estar sendo observado e monitorado enquanto surfa

Quando os biscoitos mofam

O uso de cookies não é tão sinistro quanto parece. Em geral, é útil visitar sites – por exemplo, novos arquivos e mecanismos de busca – que foram talhados para suas preferências pessoais. Além disso, sites que de outro modo solicitariam a você um nome de logon e uma senha os armazenam em um cookie para poupar seu tempo e esforço. Os cookies se restringem a um tamanho máximo de 4K e expiram com o tempo. Devem ser removidos de seu computador assim que atingirem a data de validade. Tanto o Explorer como o Navigator permitem que você desabilite o sistema de cookies e rejeite os pedidos dos servidores. Contudo, se você fizer isso, talvez não obtenha acesso a alguns serviços que deseja.

A VIDA NA FAIXA DA ESQUERDA

nem tudo é rápido na net

★ Ao ficar online, a primeira coisa que você vai notar é como tudo anda devagar! As páginas da Web baixam em sua tela com lentidão exasperante, os gráficos são construídos linha a linha, som e vídeo levam um século para baixar o suficiente para começar a passar... De fato, toda essa experiência pode ser muito decepcionante para os novatos.

PALAVRA-CHAVE

NEWS FEED: a fonte de uma conexão Usenet, como o seu provedor.

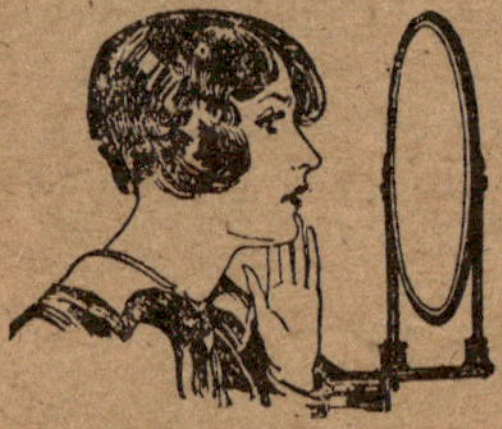

sites-espelhos podem poupar tempo e dinheiro

Espelho meu

Sites-espelhos são cópias de sites Web e FTP, armazenados em outros países. Eles oferecem acesso veloz para sites populares ou geograficamente remotos.

CARROÇA ELETRÔNICA

★ Mas não é só a Web. Transferências de arquivo, que começam de modo promissor a um ritmo de muitos kilobytes por segundo, às vezes diminuem para umas dezenas de bytes – e depois de uma ou duas horas aguardando um arquivo pingar gota a gota no seu disco rígido, enquanto sua conta de telefone cresce a cada segundo, é difícil resistir à tentação de desconectar e abandonar a transferência.

★ ***Há inúmeras soluções***. Procure um provedor que ofereça velocidade de modem máxima (em geral 56K). Escolha a hora de conectar com cuidado. Tente acessar a Net quando é hora de dormir nos EUA (lembrando que há diversos fusos horários no país).

★ Assegure-se de que a memória cache disponível em disco no seu navegador esteja no máximo, para não desperdiçar tempo baixando itens de sites que acessou recentemente. Tente usar sites-espelhos próximos a você – um site FTP americano popular

por exemplo, pode estar espelhado na Europa.

✱ Tanto o Netscape Navigator como o Internet Explorer oferecem um útil aumento de velocidade quando você desliga o CARREGAMENTO AUTOMÁTICO DE IMAGEM. Assim, quando uma página é baixada, seus gráficos são substituídos por um ícone. Para ver a figura, você só precisa clicar com o botão direito do mouse.

PONTO CONTRAPONTO

✱ As redes de provedores são conectadas diretamente com a Internet usando o protocolo padrão TCP/IP. Sua conexão com a rede do provedor, por sua vez, utiliza um dos dois protocolos especialmente desenvolvidos para o trabalho: o PPP ou o SLIP. Este último foi o primeiro a ser projetado e foi muito usado até a introdução do PPP, infinitamente melhor. Qual deles é utilizado depende do seu provedor, e você não deve se preocupar com isso.

A seu inteiro dispor

Em algum lugar entre a World Wide Web e o programa navegador que roda em sua máquina haverá o serviço que conduz um ao outro, o Internet Service Provider (ISP), ou provedor. O provedor é uma empresa com uma ou mais redes conectadas diretamente à Internet, que a um certo custo ou, cada vez mais, gratuitamente, permite a você conectar seu computador, por meio de uma linha telefônica, à rede deles e, assim, à Net. Até recentemente, um provedor típico cobraria uma taxa mensal em troca de espaço no disco rígido de um de seus computadores e um ou mais endereços eletrônicos (p. ex., jerry.glenwright@serviceprovider.co.uk). Como adicional, os provedores muitas vezes fornecem serviços da Usenet, e assim você pode acessar os milhares de grupos de notícias disponíveis *(ver páginas 52-53).*

CONECTANDO-SE À NET

* Um crescimento exponencial no número de provedores acompanhou o crescimento exponencial do interesse público pela Internet, e muitos deles já sumiram de vista. Mas ainda há inúmeros provedores à disposição. Alguns cobram uma pequena taxa por acesso ilimitado, enquanto outros oferecem uma quantia limitada de tempo por um preço e cobram extra se você excede esse tempo online. Uma tendência recente é oferecer acesso livre a usuários particulares, embora esse tipo de conexão acabe sendo ligeiramente "reduzido". Mais detalhes e um guia sobre o que procurar quando escolher um provedor encontram-se no Capítulo 6.

PALAVRAS-CHAVE

PPP:
Point-to-Point Protocol, usado pelos provedores para conectar os computadores dos clientes à Internet via linhas de telefone.

SLIP:
Serial Line Internet Protocol – similar ao PPP, mas não tão eficiente.

SERVIÇOS COM VALOR AGREGADO

* Além dos provedores diretos, há uma série de serviços online com "VALOR AGREGADO" que oferecem uma rede própria para os usuários explorarem, além de uma porta para a Internet.

✱ Antes do acesso público disseminado à Internet, aqueles interessados em explorar a computação online ofereciam ou acessavam serviços de quadro de avisos (ver páginas 50-51). O programa BBS estava disponível para muitos computadores pessoais de diferentes fabricantes – mas uma vez ligado e funcionando, qualquer outro computador pessoal, mesmo que ostensivamente incompatível, pode discar para o quadro e fazer uso do que encontrar.

os jogos online eram muito populares nos anos 80

✱ O BBS gozou de larga popularidade durante a década de 80 – em especial nos Estados Unidos, onde ligações telefônicas eram baratas. Alguns BBSs tornaram-se imensamente populares e expandiram a idéia original para fornecer linhas telefônicas múltiplas com inúmeros quadros em rede.

✱ Isso possibilitou a inúmeros usuários discar simultaneamente, e os BBSs de múltiplo acesso passaram a oferecer JOGOS ONLINE e CHAT EM TEMPO REAL. Sua popularidade levou os maiores a cobrar pelo acesso, e a partir daí surgiram serviços comerciais online como CompuServe, Delphi, Prodigy e America Online (AOL).

Atrações online

O crescimento da Internet resultou no fim de muitos serviços online, mas outros interpretaram o futuro corretamente e incluíram um portal para Internet, tornando-se serviços com valor agregado. Ainda há inúmeros disponíveis, embora uma estrutura cara e censura ativa levem muitos a evitá-los. Talvez os dois mais conhecidos sejam AOL e CompuServe (agora não mais separados, desde que a AOL comprou a CompuServe). Ambas oferecem acesso à Internet e uma grande quantidade de ajuda online, bem como um leque de serviços que incluem compras, chat, jogos, catálogos etc. – embora grande parte disso possa ser obtido de graça na própria Net.

o chat em tempo real tornou-se comum

SEXO NA NET

*** Onde quer que haja concentração de gente, alguém desejará ver fotografias de pessoas nuas. Isso, seja lá o que se pense a respeito, é um impulso humano natural. E é também algo cuja procura na Internet atinge proporções rabelaisianas.**

Hard core?

Um problema com pornografia na rede é que praticamente qualquer outro país no mundo tem atitudes sobre sexo que os britânicos consideram permissiva. Enquanto no Reino Unidos o termo "softcore" ("coisa leve") normalmente se refere ao tipo de foto publicada em jornais populares, nos demais locais (incluindo EUA, os outros países da Europa e grande parte da América Latina) é considerado algo graficamente diferente.

pornô soft não me choca ?

países diferentes têm diferentes atitudes em relação a sexo

há uma abundância de material indecente para ver – mas você não é obrigado

NÃO É PARA RECATADOS...

* A falta de CENSURA – a menos que você esteja usando um serviço com valor agregado – significa que a Web é inundada por sites dedicados a fornecer pornografia em todas as formas possíveis. Além disso, a Usenet tem centenas de grupos de notícias voltados para o assunto SEXO, alguns com discussões de atividades que você nem sabia que existiam, acreditava que fossem impossíveis ou evitava por razões de bom gosto ou medo da lei.

✱ ***Felizmente, para os pudicos (e recatados), é bastante fácil evitar os grupos de notícias sobre sexo e sites com fotos.*** Além do mais, você não precisa se inscrever neles, ler seus conteúdos ou baixar suas imagens. Mas quem admira a forma humana, tanto feminina como masculina, especialmente os aficionados interessados em observar contorções que nenhum fisioterapeuta recomendaria, podem entrar na Usenet e desfrutar olimpicamente de seu prazer.

os pais têm de monitorar a navegação dos filhos

A PORNOGRAFIA E A WEB

✱ A Web, por outro lado, é um pouco mais manhosa. É verdade que os sites de sexo comerciais quase invariavelmente têm uma "porta de entrada" que avisa o que está por trás e pede um clique deliberado para entrar, em geral depois de adverti-lo severamente com uma série de textos pseudolegais. Mas a própria porta de entrada usualmente mostra uma ou duas fotos PICANTES, destinadas a EXCITAR O APETITE e atrair clientes potenciais.

NÃO se inscreva e NÃO leia o conteúdo

sites de sexo comerciais geralmente vêm com um aviso

PAIS, ALERTA!

Para adultos, é muito fácil evitar os sites de sexo, e até mesmo os mais facilmente ofendidos podem diminuir seu embaraço rapidamente, mudando de site.
Na verdade, é provável que você só caia em um site sobre sexo se for atrás dele. Contudo, se os seus filhos têm acesso à Internet, fique atento quanto ao que eles podem encontrar por lá.

rapazes sempre encontram motivo para risadinhas

PROCURE E APROVEITE

★ Como é um lugar tão vasto, pode ser difícil achar as coisas na Web (exceto pornografia!). Existe tanta coisa no ciberespaço que atravessá-lo todo à procura de um item determinado de informação, quadro, som, ou sei lá o que você queira, pode levar anos. É por isso que mecanismos de busca, como o AltaVista, e outros métodos de catalogação e indexação, foram desenvolvidos. Todos eles mantêm indexes de palavras-chave regularmente relacionados na Web.

"bem, sem sexo não existiriam as compras!"

PALAVRA-CHAVE

BOOLEANA: forma de álgebra desenvolvida no século XIX pelo matemático escocês George Boole, baseada em noções de lógica.

ALTAVISTA EM AÇÃO

★ *Para usar o AltaVista basta ir até o site desse programa de busca* e escrever uma ou mais palavras ou frases no campo de texto a ser pesquisado. Clique no botão SEARCH ou aperte o enter/return em seu teclado, e o AltaVista checará seu índice e apresentará todas as páginas encontradas por ele que contenham sua palavra ou frase. Isso pode significar umas poucas páginas ou milhões delas, dependendo do que você estiver buscando. Os resultados são CLASSIFICADOS na ordem de maior proximidade com o que você pediu, e cada um tem um link no qual se pode clicar para ir direto para o site.

OPÇÕES REFINADAS DE BUSCA

★ *É possível iniciar pesquisas altamente sofisticadas com AltaVista* usando OPERADORES BOOLEANOS como "e", "ou" e "não". Para os não-iniciados, o resultado pode ser espetacularmente inesperado. É possível perder horas embarcando numa orgia de navegação, tentado pelos resultados da busca do AltaVista. É como se dispersar quando a gente está folheando um dicionário à procura de uma palavra específica ("Bom Deus! Não sabia que 'epitróclea' era isso!").

busca inteligente na Internet não é fácil

★ Procure estreitar a busca usando frases específicas ou palavras-chave – busque por "+ Marx + Bros + Duck + Soup", em vez de dizer "Marx Brothers films". Uma certa cultura e pensamento associativo são a chave da BUSCA INTELIGENTE, ou de outro modo você vai acabar mergulhado em montanhas de texto antes de descobrir o que realmente quer.

a babá sabe o que é melhor

BABÁWARE

Uma solução possível para o problema da restrição às crianças do acesso à Internet é instalar em seu computador um pacote de programas chamados de "babá" (*nanny*). Esses softwares foram feitos para filtrar sites com conteúdo ou temática sexual. Contudo, o software pode divergir de você quanto ao que é inaceitável, e esses pacotes talvez não sejam uma solução. Além disso, na aurora do século XXI é comum que as crianças saibam mais sobre softwares do que seus pais – e você talvez descubra que elas são capazes de driblar facilmente o programa-babá. Provavelmente a solução mais eficaz é apenas ficar por perto quando elas estão conectadas.

não se apavore nos congestionamentos do ciberespaço

QUANDO TUDO DÁ ERRADO

★ Normalmente surfar na Web é uma atividade direta, que pressupõe nada mais complicado que apontar o cursor em um link e clicar – mas com alguma freqüência o browser vai retornar mensagens de erro após falhar em acessar um site determinado. Esses erros assumem diversas formas e ocorrem por várias razões. Alguns são becos sem saída no ciberespaço, outros, erros de digitação, mas muitos podem ser trabalhados.

"ARQUIVO NÃO ENCONTRADO"

★ *Talvez a mensagem de erro mais comum* diga secamente "arquivo 404 não encontrado".
★ Embora assuste de início, essa mensagem quer dizer simplesmente que a página especificada pelo URL que seu navegador está tentando resolver não pôde ser localizada. A razão para isso pode ser que a página não exista mais (um dia é bastante tempo no ciberespaço, e os sites da Web mudam continuamente).
★ Ou pode significar que há um erro tipográfico no URL. Dada a complexidade

ERRO DE AUTOR

Às vezes o próprio autor de um site escreve errado o nome do link. Conforme o caso, alterando de leve um ou outro caractere "estranho" você pode acabar chegando a ele.

de alguns endereços na Web, é bem provável – particularmente se você digitou o URL no campo de Localização do browser, em vez de seguir um link. Basta digitar um ponto, traço, hífen ou barra no lugar errado e o navegador fica à deriva.

TENTAR, TENTAR E TENTAR

★ Às vezes o site especificado em um URL ainda está ativo mas o documento HTML, não. Por exemplo, vamos dizer que você tenha clicado em um link cujo URL embutido indica:

http://www.wimpleware.co.uk/books/internet.html

Tudo escrito e pontuado corretamente, mas o navegador retorna a tediosa mensagem de erro 404. Tente o seguinte. Clique no campo de endereços do browser e delete a parte "internet.html" do URL, deste modo:

http://www.wimpleware.co.uk/books/

E agora pressione o enter/return. O navegador tentará de novo. Se agora ele mostra uma página da Web, o motivo do erro anterior é que a subpágina internet.html do Web site **www.wimpleware.co.uk** já não está mais disponível. Talvez tenha sido alterada e renomeada, ou removida. Você pode "rastrear" o URL, deletando partes do endereço até encontrar uma página de Web válida ou ficar óbvio que ela não existe mais.

Num passe de mágica

Outra mensagem de erro comum é "O servidor não possui uma entrada DNS". Isso é mais aborrecedor do que a mensagem 404, pois não dá para contorná-la facilmente. Significa que o DNS do servidor foi incapaz de traduzir o URL em um endereço numérico, inferindo que o site não existe. Mais uma vez, cheque a escrita e a pontuação – confirmando a digitação de maiúsculas e minúsculas, pois o URL diferencia minúsculas de maiúsculas. Também vale a pena fazer uma tentativa com o mesmo endereço. Ocasionalmente, sem nenhuma razão, o que deu errado da primeira vez funciona alguns segundos depois.

às vezes as coisas se resolvem por si mesmas sem motivo

TUDO VEM DA WEB

seu acesso a alguns sites populares pode ser recusado

★ A popularidade da World Wide Web efetivamente transformou-a em um mercado one-stop de serviços de Net. Assim como surfar em Web sites, você pode cruzar o Gopherespaço para fazer o download de arquivos de servidores FTP de um navegador padrão sem a necessidade de plug-ins ou clientes separados. Além disso, a Web pode ser útil *in loco* para os dois outros mais importantes serviços da Net, o Usenet e o e-mail. Ambos estão disponíveis em Web sites que podem ser acessados com um navegador comum.

Mais do mesmo

O DejaNews é muito mais que um alimentador de notícias de Web. Você pode checar o histórico de correspondência do autor de qualquer mensagem, descobrir que grupos de notícias a pessoa freqüentou no passado e ler suas mensagens. E de modo recíproco, é claro, outras pessoas podem ficar a par do seu histórico de correspondências.

TAMBORES DAS NOTÍCIAS

★ *O Web site do DejaNews fornece um arquivo de cada grupo de notícias disponível* na Usenet que é continuamente atualizado. Usando o DejaNews, você pode enviar e ler mensagens exatamente como se estivesse usando um cliente de notícias para acessar a Usenet.

★ Você pode se inscrever em quantos grupos de notícias desejar e, se quiser, ter as mensagens diárias dos grupos escolhidos reunidas em um único arquivo que será enviado para seu E-MAIL.

★ O DejaNews mantém arquivos de muitos mais grupos de notícias do que estão disponíveis em um alimentador de notícias de um provedor típico. O provedor tende a oferecer acesso apenas aos mais populares; além disso, é possível perder pilhas de mensagens em grupos particularmente ativos se seu provedor não realiza atualizações freqüentes. O DejaNews resolve ambos os problemas, fornecendo um arquivo de Usenet em sua totalidade e permitindo-lhe pesquisar muitos anos de correspondência passada.

dá para pesquisar anos de histórico de correio

REGISTRE-SE E DANE-SE!

★ Embora você possa acessar o site do DejaNews de vez em quando, também pode registrar e talhar o serviço segundo suas exigências. Esse serviço é chamado de MYDEJANEWS.

★ Se você se registrar no DejaNews, receberá uma caixa postal (com um nome de sua escolha), que poderá ser extremamente útil se você se inscrever em listas de correio ou quiser filtrar o tipo de lixo que vive enchendo a caixa postal do provedor.

ACESSO NEGADO

Com milhões de páginas e bilhões de bytes de dados viajando para cima e para baixo através do ciberespaço, não é de admirar que alguns servidores de Web sites ficam tão inundados que se tornam incapazes de responder a mais "chamados". Se sua tentativa de acessar uma página da Web falhou porque o servidor está muito ocupado, você será presenteado com uma mensagem indicando que a conexão com o servidor xyz foi recusada. A solução é simples: tente de novo em seguida (várias vezes), e se ainda assim não conseguir conectar, aguarde um pouco e vá à luta novamente. Você irá descobrir que alguns sites, como departamentos de universidades, ficam offline para visitantes em determinados períodos do dia ou da semana.

E-MAIL VIA WEB

★ Diversos serviços de e-mail estão disponíveis pela Web. Um dos primeiros foi o Hotmail, e certamente é um dos mais conhecidos. Qualquer um pode adquirir uma caixa postal de Hotmail. E você pode escolher qualquer nome que queira para seu endereço: o nome de uma companhia ou organização, um alter ego etc. Tudo que tem a fazer é completar um questionário online, mas não há nada demais nisso e a maioria das questões é banal.

CAIXAS POSTAIS NA WEB

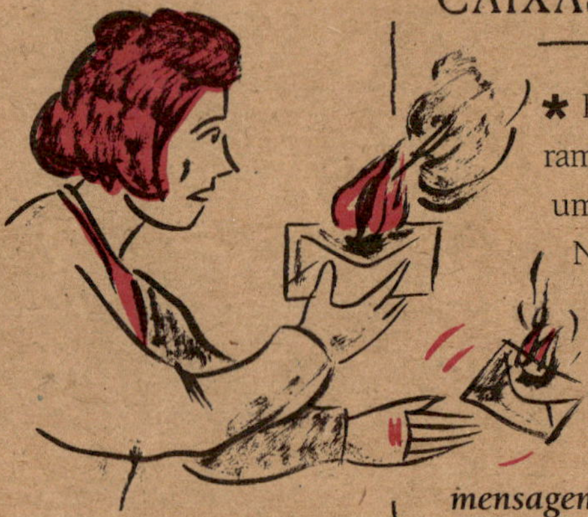

o hotmail foi um dos primeiros serviços de e-mail na Web

★ Essas CAIXAS POSTAIS NA WEB operam exatamente da mesma forma que uma caixa de correio POP3 comum. Na verdade, a única diferença é que elas têm um front-end baseado na Web pelo qual acessá-las.

★ Como ocorre com outros serviços de e-mail, ***você pode enviar mensagens acompanhadas de arquivos anexados***, e organizar e catalogar seu correio do jeito que quiser. Eles fornecem filtros convenientes para quem se inscreve em mailing lists e similares, pois a saída pode ser direcionada para caixas postais separadas da Web

★ Serviços de correio na Web (como os que são fornecidos por muitos provedores) possibilitam que você estabeleça caixas postais para sua empresa, clube ou qualquer organização com rapidez e inteiramente grátis. Usando várias caixas postais, você pode criar para si mesmo IDENTIDADES ALTERNATIVAS.

POP3 E SMTP

O e-mail utiliza dois protocolos simples e universais para enviar e receber comunicações que são chamados, SMTP (Simple Mail Transfer Protocol) e POP3 (Post Office Protocol), respectivamente.

MONTANDO UMA PÁGINA

★ Depois de muitas horas trafegando nas inúmeras avenidas e cruzamentos da Web, talvez você sinta necessidade de PUBLICAR sua página própria.

você pode ter quantas caixas postais eletrônicas quiser

★ ***Montar uma página é uma tarefa relativamente fácil*** (especialmente se você usa um pacote de programas de edição HTML) e, melhor de tudo, não exige PERMISSÃO ou aprovação de ninguém. Se você sempre quis publicar o que considera sua obra-prima pode fazê-lo sem ter de correr atrás de editores em busca de alguém com boa vontade.

não precisa ter medo de rejeição, você pode permanecer anônimo

o espaço em hard-drives é disponibilizado pelos provedores para uso dos clientes

ACOMODAÇÕES ESPAÇOSAS

A maioria dos provedores deixa uma quantidade de espaço disponível em seus discos rígidos para os clientes – o usual é cerca de 20MB, mais do que necessário para publicar uma bela home page. Você pode querer criar um site que tenha sons e gráficos, talvez mais arquivos para download; ou, satisfeito com um site mais direto, consistindo de uma página ou duas de texto, uma foto de família e alguns links com alguns de seus sites favoritos. De qualquer modo, criar o site vai ser uma experiência e tanto, e você dará seu pequeno fio de contribuição na teia do ciberespaço.

SUA PRÓPRIA PÁGINA

*** Ao publicar online, provavelmente você atingirá uma audiência muito mais ampla do que a que conseguiria com um trabalho impresso. E diferentemente de uma edição de autor, em que você paga do próprio bolso para imprimir uma obra, não lhe custará um centavo além do que você já gasta com sua conexão na Net.**

você não precisa emprestar mais açúcar!

"mas todo mundo pega emprestado de graça na net"

Copyright?

Embora o copyright seja aplicável a algo publicado eletronicamente do mesmo modo que nas formas tradicionais de publicação, na Web a postura tende a ser mais relaxada. A maioria dos Webmasters não se importa nem um pouco se você pega seu papel de fundo ou algumas imagens para usar em sua própria página.

TUDO OBRA SUA...

* Inúmeros autores têm publicado suas obras na Internet. Alguns são reconhecidamente de ALTA QUALIDADE e alguns têm se mostrado muito populares – embora, é claro, haja uma enorme quantidade de críticas violentas e reações detestáveis na rede.

CRIANDO UMA WEB PAGE

* Construir uma página na Web não significa ter de aprender complicadas linguagens de programação ou manipular pacotes de programas de desenho para criar imagens fascinantes. Alguns dos sites de maior SUCESSO resultam de esforços pouco convencionais de pessoas comuns com um interesse extravagante ou incomum ou algum hobby, capaz de inspirar ou suscitar imagens para uma Web page rica.

você não precisa de um monte de artifícios para fazer uma boa página

venham nos visitar

pessoas do mundo todo logo irão visitar você em sua home page

EDITORES DE HTML

★ *Há um monte de editores de HTML gratuitos ou em shareware disponíveis nos servidores FTP. Isso torna o processo de criar uma página na Web muito fácil.*

★ Usando um editor você simplesmente posiciona os elementos que deseja publicar (texto, imagens, botões, marcadores etc.) em uma página e o programa "escreve" o código em HTML. O passo final é fazer um upload do código em HTML e dos elementos que você tem usado na página para o espaço de disco rígido na conta de seu provedor.

★ Então você precisará PUBLICAR a nova página. Como o acesso à Net é disseminado, as notícias de uma nova página boa viajam rápido. Crie uma página interessante, e talvez haja milhares de pessoas do mundo inteiro visitando você todos os dias.

PALAVRAS-CHAVE

UPLOAD:
copiar um ou mais arquivos de sua máquina para outra através da Net.

WEBMASTER:
o criador de um site na Web.

hobbies pouco comuns são ideais para pôr em sua home page

INDO LONGE SEM SAIR DE CASA

Armazenar todos os seus sites favoritos como links embutidos em sua própria home page é uma maneira prática de navegar na Web. Você pode preparar seu navegador para acessar sua home page ao abri-lo, e então clicar nos links das páginas que deseja visitar, usando essa lista prática.

CAPÍTULO 3
INS E OUTS DO E-MAIL

★ O e-mail é fácil de usar, informal e quase instantâneo, quer você esteja enviando uma mensagem para alguém na mesma cidade ou no outro lado do mundo. Diferente de uma linha telefônica (em que você fala voz-a-voz, orelha-a-orelha com a outra pessoa e sofre as inibições inevitáveis que isso traz), o e-mail lhe permite criar uma mensagem rápida e jovial, enviá-la em tempo (quase) real, e dizer o que deseja mais ou menos sem inibições.

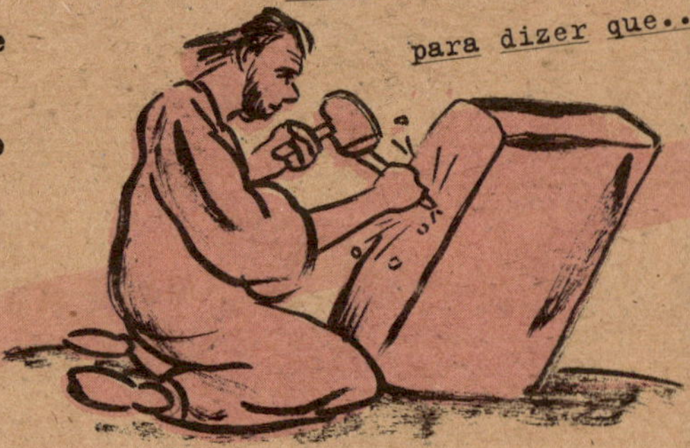

o e-mail é rápido, fácil de usar e informal

ROTAS DE E-MAIL

★ Responder a um e-mail é até mais fácil. Tudo que você tem a fazer é clicar no botão "RESPONDER" que há na maioria dos softwares de correio, digitar sua mensagem e clicar em "enviar". Sua mensagem irá viajar prontamente para o receptor, muitas vezes em menos tempo do que se precisa para fechar o programa.

★ *O e-mail não vai imediatamente até você*. As mensagens passam pelos servidores de correio dos computadores remotos e, como um usuário particular da Net, você precisa fazer o logon com seu provedor de correio para coletar suas mensagens (a menos que esteja ligado a uma

GRUPO POP

Não confunda POP3 (Post Office Protocol, versão 3), o protocolo de correio, com outro tipo de POP que há na terminologia da Net. POP (sem o 3) é um acrônimo para Points Of Presence, um ponto local de discagem para o provedor.

Intranet de escritório em que elas são enviadas diretamente para sua máquina). ***Após coletar seu e-mail, ele é geralmente apagado do servidor de correio do provedor***.

★ De modo similar, quando você manda um e-mail, ele vai do seu computador para o servidor de correio do provedor, de onde é encaminhado através da Internet, possivelmente via muitos computadores remotos, até finalmente chegar a seu destino.

o e-mail não é enviado diretamente

★ Embora esse método indireto aumente o tempo que leva para a mensagem atingir seu destino, ele contorna a necessidade de você estar online a fim de recebê-lo. Em vez disso, os e-mails são armazenados no servidor até que você faça o download deles.

SERVIÇOS EXCLUSIVOS DE E-MAIL

Todo provedor oferece e-mail como parte de seu leque de serviços, além de acesso à Web e Usenet. No entanto, é possível dispensar os outros serviços se você não tem necessidade deles ou não os quer e precisa apenas de uma conta de e-mail, economizando assim uma boa quantia. Alguns provedores fornecem contas gratuitas exclusivas de e-mails via nós dial-up especiais, embora você ainda tenha de pagar pelo uso do telefone e talvez tolerar a publicidade. Esses provedores ganham dinheiro de duas formas: dividindo os ganhos gerados pelo uso da linha com as companhias telefônicas e vendendo espaço publicitário. Paradoxalmente, uma conta de e-mail não o limita apenas a e-mails. Você pode acessar Archie e servidores FTP, embora de maneira tortuosa, e até ter páginas da Web enviadas para sua caixa de correio.

MAIS SOBRE E-MAIL

★ Como URLs da Web, endereços de e-mail são usados como um indicador exato para um destino em um computador remoto na Net. Cada bit do endereço – incluindo seus caracteres e pontuação – precisa ser exato, ou o e-mail não chegará a seu destino.

os e-mails são devolvidos se o endereço estiver incorreto

LÁ NO ARQUIVO

★ Se você endereçar um e-mail incorretamente, seja em caso de má digitação ou porque lhe forneceram um endereço inválido, o servidor de correio de seu provedor o informará rapidamente. Quando você envia um e-mail, seu endereçamento é checado pelo servidor – então, se reconhecido como válido, é imediatamente encaminhado através da rede. E-mails que não passam pela inspeção no servidor de correio são "arremessados" de volta ao remetente junto com uma breve mensagem dizendo qual é o problema.

PALAVRA-CHAVE

RETORNAR: um e-mail é devolvido (*bounced*) quando o servidor é incapaz de encaminhá-lo através da Net (usualmente porque está endereçado incorretamente ou o endereço não existe mais).

USAR É REGISTRAR

★ ***E-mails podem fornecer um histórico completo de suas comunicações anteriores.*** Os que você recebe são armazenados em seu computador até que você decida deletá-los. Do mesmo modo, os que você envia são armazenados como back-ups em sua máquina até serem apagados, normalmente em um diretório "Enviados" que você pode examinar a qualquer momento.

★ Back-ups automáticos significam que é fácil navegar para frente e para trás por seus e-mails, quero um registro de tudo, por favor!

assim como você faria com uma caderneta de bolso, lembrando-se de pessoas com quem não faz contato há tempos, e de coisas que deveria ter feito, datas, lugares etc.

★ Existe, contudo, um pequeno incoveniente em guardar tudo em arquivo. Outras pessoas também terão registro de suas mensagens. Responder a um e-mail no calor do momento pode ser motivo de arrependimento: o destinatário pode guardar uma cópia de sua explosão na máquina dele.

você pode olhar tudo que já enviou e checar datas, endereços etc.

MULTIPLICIDADE

★ É tão fácil enviar várias cópias do mesmo e-mail como enviar um só. Todo programa de correio tem um campo "Cc" (com cópias) no qual você chama uma lista de e-mails de um catálogo de endereços (a maioria dos programas tem um). Clique em "Enviar" e a mensagem é mandada para todos na lista. Mas isso às vezes é considerado falta de netiqueta – algumas pessoas rotineiramente reenviam e-mails para dezenas e até centenas de outras pessoas sem necessidade, ocupando não só a LARGURA DE BANDA como também o tempo dos destinatários.

isto é falta de netiqueta

não é bom enviar e-mails desnecessários

ONDE VOCÊ ESTAVA QUANDO...

Todo endereço de e-mail inclui uma @ (ver páginas 32-33) e usa o Domain Name System (ver páginas 38-39). Por exemplo, jerry@wimpleware.co.uk significa o usuário Jerry, localizado no domínio de computador remoto wimpleware, uma empresa, do Reino Unido.

estou feliz de ter encontrado você após todo esse tempo

não se preocupe com formato de arquivos

Qual formato?

Uuencode/decode é um algoritmo de codificação e decodificação Unix-to-Unix projetado para possibilitar cópia de arquivos entre computadores remotos Unix, amplamente utilizado. MIME (Multi-purpose Internet Mail Extension) é um formato de codificação criado pela Microsoft que está sendo cada vez mais aceito na Net. BinHex é um formato para Macintosh que já existe há algum tempo e continua em uso.

TRADUÇÃO

Dois processos torna os anexos aceitáveis pelos protocolos de e-mail. Eles são traduzidos para um dentre os inúmeros formatos de arquivos que transformam seu código binário em algo semelhante ao ASCII somente texto; e arquivos maiores do que 64K são quebrados em blocos de 64K.

ANEXOS DE E-MAIL

★ Assim como se envia somente texto ASCII em um e-mail, também é possível anexar a ele todo tipo de arquivo – imagens, programas, dados de planilhas eletrônicas, documentos do processador de texto e outras coisas.

REANEXANDO

★ *Na extremidade receptora, o anexo é separado do e-mail* usado como um programa autônomo ou importado para um aplicativo adequado, como uma planilha eletrônica ou um processador de texto. Muitas vezes – por exemplo, ao acessar imagens – você pode simplesmente – clicar no anexo e fazer com que o computador rode o aplicativo adequado para mostrá-lo.

você pode mandar qualquer tipo de anexo em seus e-mails

FORMATOS DE ARQUIVOS

★ Dependendo de seu cliente e-mail, você usará um dentre três formatos de tradução para enviar anexos: Uuencode/decode, MIME ou BinHex.

★ ***Na prática, codificar, decodificar e remontar acontecerão, em grande parte, sem o seu conhecimento ou intervenção***. Você simplesmente manda e-mails com anexos e recebe outros com arquivos anexados prontos para uso.

MIMEs são como um artista de mímica

ANEXANDO

★ E-mails são restritos a um tamanho máximo de 64K de ASCII somente texto. Isso nem de longe basta para mandar sequer uma imagem colorida de tamanho médio, que talvez ocupe metade de um megabyte ou mais. Praticamente todos os programas (a não ser talvez um utilitário dos menores) ultrapassam consideravelmente 64K; e nem gráficos nem programas de computador assumem a forma de arquivos de somente texto. Um processo de TRADUÇÃO ocorre antes de enviar por e-mail um arquivo.

MIMETISMO

Às vezes, o arquivo codificado aparece embutido no e-mail, seguindo o texto da mensagem. Uma parte decodificada de uma mensagem de e-mail pode ser facilmente reconhecida, pois sempre inicia com a palavra "Begin...", seguida de texto sem sentido. MIMEs têm a palavra MIME... em sua linha superior. Um e outro tipo de arquivo podem ser resgatados selecionando-se o texto e recortando-o do e-mail pai, passando-o depois para um documento de processador de texto e transformando-o em arquivo de texto. Um utilitário adequado, como o StuffIt, pode então ser usado para traduzi-lo de volta a sua forma binária.

"vamos nos anexar"

ARQUIVOS COMPACTADOS

★ Assim como são codificados, arquivos grandes muitas vezes são compactados usando qualquer um dos numerosos programas de compactação populares. Eles retiram o código redundante dos arquivos, tornando-os menores e muito rápidos (e baratos) de mandar via e-mail. Arquivos compactados dessa forma devem ser descompactados pelo usuário ao serem recebidos – uma tarefa simples que requer um dos inúmeros programas de descompactação gratuitos.

você pode descompactar os arquivos para mandar...

FÁCIL DE USAR

★ *Em máquinas com Windows o utilitário Zip é talvez o compactador de programas mais utilizado*. É encontrado em duas formas: para DOS, com comandos executados por linha, ou para Windows, como um aplicativo com janelas. Ambos são competentes e fáceis de usar. O StuffIt é a contraparte do Zip para computadores Macintosh, da Apple. Máquinas em Unix usam TAR, entre outros. Utilitários que lidam com todos esses formatos, às vezes com um único programa, podem ser obtidos em servidores FTP.

VERSATILIDADE E ESQUISITICES

O StuffIt é um utilitário muito versátil: além de fornecer uma compactação de arquivos abrangentes e opções de codificação, ele pode ler numerosos formatos esquisitos de arquivos, encontrados na Net, que são gerados por outros programas de compactação.

quanto formato esquisito por aí

CITAR/NÃO CITAR

★ As comunicações por e-mail criaram seus próprios modos de fazer as coisas. É comum ver partes de uma mensagem ou até a mensagem toda citada em uma resposta. Às vezes as citações aparecem como um bloco de texto no começo de um e-mail; ou podem ser quebradas em sentenças curtas, de apenas uma ou duas linhas, com as respostas do remetente escritas entre elas.

citar ajuda a manter as coisas informais

★ ***As citações ajudam a manter um ar de informalidade*** e possibilitam aos missivistas serem breves de uma maneira impossível numa

...e eles podem ser compactados novamente no outro lado do globo

carta normal, ao mesmo tempo que oferecem uma resposta perfeitamente aceitável. Essas citações são úteis para o destinatário, também, como apoio à memória – mande um montão de e-mails e você verá como é fácil esquecer o que enviou e para quem.

PALAVRAS-CHAVE

LARGURA DE BANDA: a quantidade conceitual de espaço disponível para o envio de dados pela Internet (os usuários da Net reclamam do tráfego desnecessário que entope a largura da banda).

INTRANET: rede de área local com uma única sede que utiliza protocolos de Internet e permite aos usuários operar com navegadores e outras ferramentas da Net.

Controle-se

A boa netiqueta sugere que você restrinja seu hábito de citar ao responder a e-mails de servidores de listas. Basta dois ou três missivistas citando uma mensagem original com suas subseqüentes para um e-mail crescer a proporções alarmantes, ocupando uma largura de banda considerável. E dá para imaginar o que um internauta viciado faz ao receber um e-mail que gasta inutilmente sua largura de banda...

SMILEYS E OUTRAS NETGÍRIAS

★ Outra forma curiosa de comunicar o que surgiu unicamente no mundo do correio eletrônico é o smiley. Algo como :-) ou às vezes :). Como usuário da Net, será absolutamente impossível evitar entrar em contato com essas carinhas sorridente. Smileys são usados para suavizar explosões, denotar ironia ou preencher o que de outro modo poderia ser um silêncio embaraçoso.

mostre seu coração com os emoticons

SUAS QUESTÕES RESPONDIDAS

Uma sigla que você vai ver quase em toda parte é FAQs (Frequently Asked Questions). Você provavelmente também achará isso é muito útil. FAQs são arquivos de texto armazenados em servidores Usenet e FTP, páginas da Web e outros lugares na Net. Eles contêm respostas para questões feitas com freqüência pelos newbies sobre assuntos específicos – mantendo assim a largura de banda desimpedida.

ESTENOGRAFIA EMOCIONAL

★ Pior de tudo (ou melhor, se você gosta deles), os smileys são apenas um minúsculo membro de toda uma família dos chamados "EMOTICONS" – ícones colocados em textos simples, com o intuito de transmitir uma emoção.
★ O melhor conselho é usar os emoticons com parcimônia. Cerca de 2/3 de usuários da Net os adoram, e o restante preferiria enfiar

EMOTICONS

:-> Sarcástico	(_|_) Mostrar a bunda
8-) Óculos escuros	}:> Perverso
;-) Piscadela	:-p Mostrando a língua:
:-o Oh!	D Grande sorriso
0:-) Angelical	:-X Sem dizer nada

suas partes íntimas numa caixa de escorpiões do que voltar a ver um.

★ ***Qualquer que seja sua preferência, procure respeitar o outro lado***. Na pior das hipóteses, smileys são irritantes. Na melhor, uma maneira simples de transmitir um pouco de calor humano no que de outra forma seria um frio meio de comunicação.

A GÍRIA DA NET

se você ler LOL, eu correspondente stará gargalhando

★ Mostrar seu coração em seus e-mails não se resume aos emoticons. Há um léxico de siglas e abreviaturas atirados para todos os lados por quase todos os usuários da Net – até por pessoas que se arrepiam com gírias da moda.

★ ***Na verdade, siglas e abreviaturas podem ser um modo útil de agilizar respostas de e-mails*** e manter a banda menos ocupada. Já os jovens hip, os professores de universidades americanas e similares, muitas vezes utilizam siglas mais complicadas, que antes ocultam o significado e mantêm os newbies à distância nos confins gelados do Netiverso.

★ Algumas abreviaturas são emprestadas do mundo real, como RTFM (Read The ******* Manual) e SNAFU (Situation Normal, All ****** Up). Outras podem ser criadas pelos usuários da Net: BTW (By The Way/"a propósito"), FYI (For Your Information/"para sua informação"), LOL (Laughing Out Loud/"gargalhada"), etc.

LIXO ÀS PENCAS

Se você acha que a pilha de lixo que se acumula em sua porta é irritante, espere até ter um e-mail! No início, o lixo eletrônico (e-junk) é esparso, mas à medida que você se torna um usuário ativo da Net, sua caixa de correio fica lotada de coisas indesejáveis. O mais comum são as ofertas de dinheiro fácil, convites para encontros exóticos, pedidos para crianças carentes e um verdadeiro exército de chatos itinerantes tentando lhe vender suas tranqueiras.

se você acha o lixo em sua porta um saco espere só pelo e-junk

PROGRAMAS DE E-MAIL

*** Para usar o e-mail, é necessário instalar um aplicativo apropriado em seu computador. Se você tem um PC com Windows 95 ou 98, já conta com um software adequado. O Windows 95 tem o Microsoft Mail e o 98, o Outlook Express, um programa de grupos de notícias e correio, combinado com muitas outras vantagens, como catálogo de endereços e agenda.**

aplicativos de e-mail são feitos com pacotes de agendas

PALAVRA-CHAVE

PROGRAMAS DE TERCEIROS: aplicativos de empresas de software sem conexão com o fabricante de seu computador.

há muitos programas populares disponíveis

PROGRAMAS À VONTADE

* Navegadores de Web populares como o Netscape Navigator vêm com softwares de correio. E há muitos programas gratuitos ou em shareware de terceiros que você pode instalar e usar, com suas outras ferramentas de Internet.

* Provavelmente o mais popular aplicativo de terceiros para e-mail para Mac é o eudora, um programa abrangente que lida com múltiplas identidades de e-mail e oferece filtro, back-up e outros recursos úteis.

* O melhor de tudo é que o Eudora na versão mais simples é gratuito. Ou então, se preferir você pode fazer um download do decantado Eudora Pro e pagar a taxa de shareware. O Eudora é um aplicativo popular também para PC, bem como o Pegasus, outro programa de e-mail independente.

USANDO O PROGRAMA

* Quando você usar o aplicativo, será mais ou menos assim. Abra o programa, que por sua vez inicia uma conexão com o provedor. Se houver e-mails aguardando para serem enviados, ele fará o logon com a máquina do provedor e os enviará. O programa então checa os e-mails por receber e, se houver algum, faz o download para seu computador. Em seguida, você será avisado de que há mensagens não lidas em sua caixa postal.

seu programa lhe dirá quando houver novos e-mails

* *Toda vez que você iniciar o programa, enviar e receber e-mails desse modo serão as primeiras tarefas desempenhadas*. Depois que a mensagem foi recebida e lida com segurança, você pode deixar o programa rodando na tela de baixo enquanto navega ou usa outra ferramenta da Net. Periodicamente (e de modo automático) você pode fazer o logon com o servidor de correio do provedor para checar novas mensagens.

você vai se perguntar como era viver sem e-mails

ESPECÍFICO DEMAIS?

Ao escolher um programa de correio eletrônico, pare para pensar se você precisa dos (sem dúvida úteis) inúmeros recursos que alguns dos mais abrangentes têm para oferecer. Embora seja interessante conhecer, podem tornar o software desnecessariamente complicado para os novatos.

Similares

Programas de e-mail funcionam quase da mesma forma. É provável que sua opção por um programa dependa de fatores como ele ter vindo junto com seu computador ou com seu provedor, ou por você utilizá-lo no trabalho, estando por isso mais familiarizado com ele.

já se foi o tempo em que manter contato era uma tarefa trabalhosa

ENVIANDO UM E-MAIL

★ Enviar um e-mail não envolve nada mais difícil do que clicar em "Escrever" ou "Nova mensagem", especificando um endereço (ou selecionando um de seu catálogo de endereços) e digitar a mensagem, clicando então no botão de "Enviar". Se você quiser mandar um arquivo junto com a mensagem, geralmente há um botão de "Anexar" ou algo do gênero.

Mais repetições!
A maioria dos programas cita a mensagem original completa na janela de resposta. Você pode apagar parte dela ou a mensagem inteira, ou ainda personalizar o programa, desligando isso nas suas preferências.

ENVIANDO RESPOSTAS

★ *Responder a um e-mail é igualmente fácil.* Quando seu software baixa e-mails ele os apresenta em uma janela, em geral com um pequeno envelope fechado ao lado ou outro ícone, para mostrar que não foram lidos. Para ler uma mensagem, basta clicar no item em questão.

★ Para RESPONDER, é só clicar no botão correspondente, normalmente localizado em algum lugar na mesma janela que mostra os e-mails. Não há necessidade de escrever um endereço quando estiver respondendo, pois o programa pega o endereço da mensagem original. Simplesmente digite sua mensagem, citando a original se preferir, e clique em "Enviar".

e-mail é muito fácil de usar

alguns pretensos artistas fazem complexas assinaturas com caracteres ASCII

ASSINANDO

* Se for instruído para tal, seu software de correio irá automaticamente inserir um "ARQUIVO DE ASSINATURA" no fim de seus e-mails, realizando algo similar a um papel timbrado. Trata-se de um arquivo de texto previamente preparado contendo, digamos, seu nome e endereço ou número de telefone.

* Muitas pessoas gostam de incluir uma frase ou observação sagaz no arquivo de assinatura (e, de vez em quando, acontece de ser algo realmente divertido). Outros entregam-se a uma orgia da chamada "Arte ASCII" – uma versão para e-mail de uma assinatura feita com *spray*, criada a partir de caracteres ASCII.

Artistas desconhecidos

Alguns artistas do ASCII criam desenhos, cartoons ou grafismos bastante complexos sobre as letras de seus nomes. Infelizmente, a maioria permanece sem ser vista pelos destinatários, que raramente se dão ao trabalho de rolar a mensagem até o fim para ver a assinatura ou a arte.

assinaturas elaboradas muitas vezes passam despercebidas

Arghhh!

Como os smileys, arquivos de assinatura têm um propósito, mas é bem limitado. Provavelmente a maior parte dos destinatários ou os ignoram ou ficam irritados. Use esse recurso com parcimônia!

vamos, chega dessas estúpidas assinaturas

OUTROS USOS DO E-MAIL

★ O e-mail pode se prestar a uma variedade de usos, além dos mais óbvios. Por exemplo, você pode se juntar a grupos de discussão, ou listas de correspondência. Esse serviço é similar a um grupo de notícias da Usenet, em que pessoas afins encontram-se para trocar informações e opiniões sobre um tópico determinado, ou para discutir e delirar sobre ele.

compartilhe seus *hobbies* pouco usuais, usando um e-mail comum

Loucos por listas

Se você possui um hobby diferente, uma lista de correspondência é um bom modo de encontrar gente com interesse similar, trocar notícias e opiniões, ou pedir e oferecer ajuda. Como os grupos de notícias, as listas de correspondência tendem a ser irrestritas e muitas vezes têm uns tipos bem esquisitos, doidos para despejar sobre você todo seu ressentimento, sem limite!

PERGUNTE AO ARCHIE

★ *O e-mail é também um modo excelente de localizar arquivos sem ter de interrogar um servidor Archie interativamente*. Acessar servidores Archie dessa forma não é rápido – mas libera sua máquina para outras finalidades, e amplia o escopo para usuários que têm contas exclusivamente de e-mail na Net.

★ Para mandar um e-mail a um servidor Archi[e] digite "archie@" e o endereço de um servidor Archie local no campo "Para" de seu programa[.] Digite um espaço no campo "Assunto" se o se[u] programa insistir que ele seja especificado, senão, deixe-o em branco. Faça a primeira linh[a] da mensagem "SEND MAILTO" (enviar e-mail par[a]) seguida de seu endereço eletrônico. Na segun[da] linha em diante, digite os comandos que você quer que o servidor Archie realize, como "find StuffIt". Use apenas um comando por linha e ponha o comando "quit" na última. Envie o e-mail, e espere a resposta em algumas horas.

deve haver um jeito melhor

as listas de correspondência encaminham mensagens para os assinantes

AS LISTAS

★ Ao contrário de um grupo de notícias (que é uma coleção "centralizada" de mensagens acessadas via um servidor de grupo de notícias), uma LISTA DE CORRESPONDÊNCIA encaminha as mensagens recebidas para os que estão inscritos nela. A lista de correspondências é gerenciada automaticamente por um servidor apropriado, que mantém um diretório de inscritos e envia uma cópia para todos na lista.

★ A única intervenção não automática na lista de correspondência é a do MODERADOR – um operador humano que remove o lixo da correspondência.

Educando o Archie

Um problema na correspondência com o Archie é a dificuldade de refinar a pesquisa – portanto, se prepare para receber um caudal de informações. Vale a pena enviar um e-mail dizendo "send mailto seuendereçodee-mail" na primeira linha e "help" na seguinte. Na volta, você receberá uma lista de todos os comandos que o Archie compreende, além de dicas sobre como tornar a pesquisa mais refinada.

Cancelando

Antes de se inscrever em uma lista de correspondência, procure saber como cancelar a inscrição. Receber centenas de mensagens estúpidas ou fora de contexto logo cansa. Para cancelar sua inscrição, basta enviar uma mensagem ao servidor da lista contendo uma linha como "unsubscribe atari8" ou "signoff atari8".

queremos cancelar a inscrição

cancelar é fácil

MESTRES DO DISFARCE

★ Enquanto alguns correspondentes de e-mail querem ter certeza de que você se lembrará deles (usando complicadas assinaturas com arte ASCII e coisas assim), outros vão ainda mais longe para encobrir seus rastros eletrônicos e impedi-lo de descobrir sua identidade.

é fácil forjar endereços de e-mail

PALAVRA-CHAVE

RE-MAILER: serviço da Web que encaminha e-mails anônimos para seus clientes registrados.

Paranóico, eu?

Embora pregadores de peças, criminosos e insanos de fato mostrem uma inclinação por e-mails para atingir seus propósitos obscuros, a maior parte das mensagens que você vai receber são notícias perfeitamente saudáveis de amigos e colegas, e um pouquinho de entulho: spam, alarmes falsos de vírus e algumas correntes – você pode usar o e-mail impunemente.

ENDEREÇOS USURPADOS

★ ***Roubar um endereço de e-mail é muito simples.*** Seu endereço de e-mail é automaticamente incluído em toda mensagem que você envia – mas tudo que você tem a fazer para disfarçar o endereço de origem é digitar um falso na caixa de diálogos em Preferências/Opções do seu programa.

★ Use um endereço que não existe e o destinatário irá descobrir tão logo tente lhe responder – pois a mensagem será arremessada de volta pelo servidor de correspondência. Mas se você entrar com o endereço de e-mail de uma conta existente (por exemplo, uma de um serviço de correio da World Wide Web ou de um insuspeitado terceiro) é provável que o destinatário nunca descubra.

★ Isso tudo significa que se você receber um e-mail esquisito de um amigo ou amiga que em geral é uma pessoa normal, não pense de cara que ele(a) perdeu o juízo, estava bêbado(a) ou de repente e sem maiores explicações passou a odiá-lo! Significa apenas que algum engraçadinho enviou-lhe uma mensagem com o endereço dessa pessoa.

RASTREANDO O EMISSÁRIO

* Existem outras formas de permanecer anônimo ao enviar e-mails. Um remailer da Web encaminha e-mails anônimos e dirige as respostas.

pregadores de peças adoram enviar e-mails

* Para utilizar um serviço de re-mail você precisa registrá-lo online – o que oferece algum grau de anonimato, pois o re-mailer remove a informação denunciadora de suas mensagens.

* Contudo, os que desejam permanecer anônimos para fins escusos podem ser rastreados por forças da lei, que obrigarão o re-mailer a fornecer-lhes os DADOS DO OFENSOR.

é fácil descobrir quem está passando trotes por e-mail

Esconde-esconde

Se você suspeita ter recebido um e-mail "dissimulado", veja as "Propriedades" dele e cheque sua origem. Isso lhe permitirá determinar o nome do servidor emissor e outras pistas importantes, e descobrir se a mensagem foi encaminhada por um re-mailer.

quem gosta de enviar e-mails anônimos pode se ver diante da lei

SERVIÇO DE MAIL NA WEB

★ O jeito mais fácil de adotar uma *persona* (seja ela *grata* ou *non grata*) é se registrar em um serviço de e-mail da Web, como o Hotmail, ou utilizar os recursos oferecidos por DejaNews, Yahoo e outros. O e-mail na Web funciona exatamente da mesma forma que um POP3. Você direciona seu navegador para a página de serviços de correio da Web, digita seu nome e senha de usuário, e então é apresentado aos conteúdos de sua caixa postal. Você pode escrever e enviar mensagens, anexar arquivos e fazer tudo que faria num e-mail "de verdade".

INVESTIGANDO DIRETÓRIOS

Você deseja rastrear amigos há muito perdidos, antigos colegas de trabalho ou um/uma ex? Ou talvez seus devedores... O jeito mais simples é usar diretórios de e-mail da Web (ver página 187 para URLs). São catálogos de endereços colhidos de inúmeras formas, mas principalmente selecionados de serviços como o Usenet e o DejaNews da Web, visitados pelos catalogados.

QUESTÃO DE IDENTIDADE

★ *Registrar-se não dói*, você apenas precisa responder a questões inócuas como em que país está e quais são seus *hobbies*. Terá de

você pode adotar qualquer *persona* que imaginar e permanecer incógnito

não deixe sua máquina desguarnecida – nunca se sabe quem está olhando

arcar com uma certa quantidade de publicidade baseada no perfil fornecido no processo de registro, mas é um preço pequeno a pagar por endereços de e-mail ilimitados, talhados exatamente segundo suas necessidades. ✱ ***E, é claro, você pode usar suas novas identidades de e-mail múltiplas para o bem ou para o mal!*** O Web e-mail é o modo perfeito de se inscrever em uma lista de correspondência, pois você pode usar a caixa postal da Web para separar as centenas de e-mails que uma lista de correspondência gera a partir de outro e-mail, tornando fácil manusear ambos. Também é possível estabelecer endereços de e-mail na Web para sua empresa, cônjuge ou filhos.

PRIVACIDADE EM PÚBLICO

✱ O Web mail oferece um nível de privacidade semelhante ao do POP3/SMTP. Em circunstâncias normais sua correspondência é bastante segura e só pode ser lida por você. Contudo, praticamente todo dado viajando através da Internet pode ser interceptado por alguém determinado a fazer isso. Um pequeno defeito no servidor pode transportar sua mensagem ao equivalente de um buraco negro do universo do e-mail. Ou você pode simplesmente ter deixado sua máquina desguarnecida por alguns minutos, dando ao inescrupuloso a oportunidade de ler seus e-mails. Em resumo, nenhum correio é TOTALMENTE SEGURO.

BISBILHOTEIROS

Uma forma de se prevenir contra bisbilhoteiros eletrônicos e fechar a manivela da segurança é usar codificação. Ao criptografar o conteúdo de suas mensagens de e-mail você transforma texto simples numa algaravia absolutamente impossível de decifrar – mesmo usando computadores poderosos e os talentos de pós-graduados em matemática, ávidos por desafios. Por tudo isso é que alguns governos criam legislações contra seu uso.

estou totalmente paranóico

A SETE CHAVES

★ A criptografia está disponível de muitas formas, mas a maioria dos formatos emprega o que é conhecido como "sistema de chave". A chave é gerada a partir de uma frase, fornecida por você, que é aplicada ao texto usando um sofisticado algoritmo para embaralhar e desembaralhar.

mantenha sua chave secreta em um local que ningué irá olhar

DRIBLANDO A LEI

Embora um programa de criptografia poderoso como o PGP seja proibido de ser exportado para fora dos Estados Unidos, o país não impõe qualquer restrição equivalente para a impressão. Para contornar a lei, o PGP foi publicado como livro de código-fonte e, desde então, tem sido digitado e compilado de volta em arquivo binário. Assim, é relativamente fácil adquirir um software de criptografia bastante poderoso em praticamente qualquer lugar do mundo (normalmente pela Web – tente digitar "PGP" em um mecanismo de busca como o AltaVista).

CHAVES SECRETAS

★ *O sistema de chave de criptografia mais eficaz é conhecido como "criptografia de chave pública"*. Ele utiliza duas chaves, uma CHAVE PÚBLICA que você fornece para quem quiser, e uma CHAVE PRIVADA, que você mantém totalmente em segredo. Quando o correspondente criptografa uma mensagem usando a chave pública, ela pode ser decodificada com o uso de sua chave privada.

★ A criptografia de chave pública é tão eficaz que o governo dos EUA PROIBIU a exportação de programas desse tipo baseados em chaves que utilizam mais de 512 bits (conhecidos como de "criptografia forte"). Os governos francês e russo baniram totalmente a criptografia pública.

★ Os criptógrafos recomendam chaves de 768 bits para uso pessoal, de 1.024 bits para empresas e de 2.048 bits para os segredos mais valiosos – ou totalmente paranóicos.

★ Há muitos softwares de criptografia disponíveis, mas o PRETTY GOOD PRIVACY (PGP; ver página 189 para URL) oferece uma versão gratuita com chave de codificação baseada em dois algoritmos fortes muito conhecidos: RSA e Diffie-Hellman. Se usado com propriedade, o PGP é considerado altamente seguro.

CÓDIGO SIMPLES

★ Um método de codificar um texto que você verá o tempo todo em e-mails e correspondências da Usenet é chamado de ROT13. Ele utiliza um método de embaralhar mensagens que toda criança conhece, substituindo uma letra do alfabeto por outra – nesse caso pela 13ª letra sucessiva (o A se torna N num alfabeto com K).

ROT13 é um mecanismo de codificação popular

★ Embora simples, esse dispositivo é o suficiente para proteger algo que não se quer que seja visto – por exemplo, a trama de um filme em um grupo de notícias de cinema. Alguns programas de correio, a um comando, decodificam mensagens em ROT13, portanto, você não precisa se incomodar.

o governo americano quer obter acesso a chaves privadas

Quebre os depósitos!

Tentando impedir a privacidade de seus cidadãos (e conseqüentemente dos de outros países), o governo dos EUA concebeu um sistema para obter acesso a chaves – um processo conhecido como Government Access to Keys (GAK), popularmente conhecido como "key escrow" (depósito de chave). Ele consiste em corporações e outros usuários quebrarem suas chaves privadas e entregarem suas partes à custódia de diversas agências "responsáveis", que não podem revelá-las, a não ser sob circunstâncias anormais. As empresas que concordam em cumprir essas condições recebem permissão de empregar chaves mais fortes do que as usuais. A idéia é que o governo possa obter acesso às chaves privadas se julgar necessário.

é contagioso

INFECÇÕES DA NET

★ Vírus de computador são provavelmente superestimados nos meios informatizados de hoje – mas conecte sua máquina a uma rede de milhões de outras e as chances de infecção crescem exponencialmente.

a profilaxia é melhor do que a cura em se tratando de vírus

VERME INSIDIOSO

★ *Uma das primeiras grandes infecções na Net, e talvez a que ficou mais famosa*, ocorreu em novembro de 1988. Um virulento worm (verme ou parasita) espalhou-se por mais de 2.000 computadores remotos na ARPAnet, em um ataque inicial que durou várias horas.

★ Os gerentes dos sistemas descobriram que suas máquinas estavam tão ATOLADAS que se tornaram incapazes de responder a comandos, e os computadores acabaram quebrados. Esses computadores remotos haviam sido instruídos pelo verme a fazer centenas de conexões com outros computadores remotos na Net, enquanto incansavelmente ele procurava se disseminar.

★ O verme usou habilmente as anomalias no sistema de correio do Berkeley Unix (BSD) para entrar nos computadores remotos, e usou o Telnet e o utilitário finger do Unix para copiar a si mesmo em toda a rede.

PROGRAMAS TRAIÇOEIROS

Os vírus não são os únicos programas traiçoeiros. Vermes viajam até os confins da Net, às vezes para o bem – como localizadores de arquivos e de endereços de e-mail – e às vezes para o mal. Há também os cavalos de Tróia (programas que aparentam ter alguma tarefa útil a desempenhar mas que contêm código traiçoeiro) e inúmeras outras variantes malignas.

humm, acho que você está com infecção!

★ Mas por que esse verme ganhou tal notoriedade? Ele foi programado e solto na Net por **Robert T. Morris**, um graduando que era filho do cientista chefe do US National Computer Security Center, **Bob Morris**.

vermes malignos ocasionalmente se propagam pela internet

PONTO PARA O VERME

★ Vinte e quatro horas após o estrago inicial, os gerentes e programadores de sistemas nos EUA ainda estavam desvendando o código do verme e tentando tapar os buracos em seus computadores danificados. Em janeiro de 1990, Morris Jr. foi CONDENADO pela lei de abuso e fraude de computador (criada nos EUA, em 1986).

PALAVRA-CHAVE

VERME: fragmentos insidiosos de código que, como o vírus, infectam sistemas computacionais. Os vermes são capazes de propagar a si mesmos através das redes.

ARMADILHAS

Ao longo dos anos, alguns vírus espetaculares têm se difundido pela Internet, mas a maioria assume a forma de infecções pequenas e enfadonhas contraídas em anexos de junk e-mails. O modo de operar típico é assim: um e-mail não solicitado convida-o a abrir um arquivo anexado com algo supostamente interessante para dizer, ou alguma função útil a desempenhar na sua máquina. Ao abrir esse anexo ela ficará infectada com o vírus. A armadilha não é o e-mail: é com o anexo que você precisa tomar cuidado.

eu tenho o antivírus

COMBATE AOS VÍRUS

* É impossível evitar completamente a possibilidade de infecção, mas há alguns excelentes sharewares e utilitários antivírus comerciais por aí que identificam a maioria dos vírus e os removem (ver página 189).

há programas antivírus que combatem os ataques de vírus

vírus de computador podem ser evitados

PALAVRAS-CHAVE

BACK-UP:
cópia de dados do disco rígido de seu computador (pode ser usado para recriar o disco rígido, se sua máquina for infectada com um vírus ou sofrer outro tipo de crise).

PATCH:
retalho de código de computador usado para atualizar um aplicativo ou para remover ou reparar um bug.

PRECAUÇÕES INTELIGENTES

* Ao contrário dos anos pré-Net, quando os programas antivírus logo ficavam obsoletos à medida que novos vírus eram concebidos, os softwares de hoje podem ser CONTINUAMENTE ATUALIZADOS para incluir proteção contra as

mais asquerosas cepas novas. Simplesmente vá aos sites de empresas que produzem o programa e faça download dos PATCH FILES (mas sempre tome cuidado ao baixar esses arquivos – você pode estar instalando um código traiçoeiro!).

★ Outro procedimento, além de programas antivírus, é fazer back-ups regulares de arquivos e programas de seu computador – mas não faça um back-up enquanto seu disco rígido ainda estiver infectado com um vírus, ou o back-up poderá ficar infectado também.

tome precauções inteligentes ao abrir e-mails

MANUSEIE COM CUIDADO

★ *Tome cuidado ao abrir e-mails e anexos*, e delete os que são obviamente não solicitados (é bem fácil você perceber quais são eles). Tome especial cuidado com anexos que são arquivos do Microsoft Word – é muito fácil criar vírus de macros no Word.

FALSOS VÍRUS

Não acredite em todas as histórias assustadoras que chegam a você. Há inúmeros boatos de vírus falsos sendo enviados como advertência em e-mails.

alguns vírus são só um engodo

ESTÁ MORTO, JIM!

Vírus de computador não estão vivos de verdade. São simplesmente programas minúsculos que operam de modo independente e furtivo, copiando a si mesmos em seu computador e outras máquinas via e-mails infectados, discos flexíveis etc. Alguns vírus são destrutivos, mas muitos simplesmente mostram uma mensagem boba antes de desaparecer de volta no silício.

CAPÍTULO 4

GRUPOS DE NOTÍCIAS EM AÇÃO

★ A Usenet – ou "net news", como às vezes é chamada – é um dentre os três serviços mais usados da Net. É uma espécie de quadro de avisos eletrônico gigante, dividido em muitas áreas de interesse (chamadas de "grupos de notícias") e transmitida para todo o mundo pelos servidores Usenet. Qualquer um com acesso à Internet pode acessar a Usenet, ler seus muitos artigos e postar suas próprias mensagens.

Novas ou não?

Embora chamadas de news (notícias, em inglês), a maioria das coisas na Usenet consistem de opiniões pessoais, pedidos de ajuda, anúncios (tudo, desde visões de Elvis a patches de sistemas operacionais) e um mundo de discussões e debates – mas só uma pequena parte disso interessará a você.

novas ou não, há muita coisa interessante para ler na Usenet

as notícias na net nem sempre são novas

O COMEÇO DA USENET

★ A Usenet cresceu diretamente da abertura e da cultura de comunidades propiciada pelo Unix. Desde o início, o desenvolvimento do Unix foi um esforço de colaboração envolvendo departamentos de computação de universidades e legiões de estudantes.

todo tipo de coisa aparece na Usenet

★ Foi essa política de abertura que levou **Tom Truscott** e **Jim Ellis** a fuçar no primitivo protocolo de rede UUCP (que veio com cada distribuição do sistema operacional Unix) e na linguagem batch (lote) do Unix, o shell script ("escrita do envoltório"), para criar um serviço de notícias entre computadores remotos.

★ No fim da década de 70, Truscott e Ellis eram estudantes de pós-graduação na Duke University, Carolina do Norte. Quando o Unix da universidade passou por um upgrade da versão VI para a VII, a atualização levou muitos programas existentes a PARAR DE FUNCIONAR.

★ Dentre eles, um sistema de transferência de dados conhecido em inglês como "Items", que era usado como um primitivo quadro de avisos. Truscott era adepto fervoroso do sistema operacional Unix, e havia trabalhado durante as férias de verão no Bell Labs, com o autor do Unix **Dennis Ritchie**.

★ Junto com Ellis, ele decidiu criar uma nova versão do Items que iria também superar a maior limitação do sistema na época: sua incapacidade de lidar com itens maiores do que 512 bytes. A dupla acreditava que se fosse capaz de escrever um Items melhor, poderiam distribuí-lo entre grupos de usuários do Unix e obter alguma fama na comunidade Unix – um cobiçado prêmio entre os hackers do sistema operacional.

PALAVRAS-CHAVE

SHELL SCRIPT: comandos (com alguns apitos e buzinas) do sistema Unix, processados como um batch para controlar o sistema operacional.

USENET: USErs NETwork (rede de usuários). Quadro de mensagens eletrônicas de âmbito mundial.

UUCP: Unix-to-Unix Copy Program, um protocolo de rede primitivo para computadores, modems e linhas telefônicas em Unix.

O LADO DOWN DOS UPGRADES

Upgrades de sistemas operacionais muitas vezes decretam o fim de programas que dependem de pontos falhos na versão antiga para operar corretamente. Quando um upgrade é introduzido com os antigos pontos falhos eliminados (e com novos introduzidos por tabela), os programas param de funcionar.

DO ITEMS À USENET

★ Truscott e Ellis discutiram seu projeto com os colegas de pós-graduação Dennis Rockwell e Steve Bellovin, dois entusiastas do Unix. Os quatro logo foram favoráveis à idéia de um quadro de avisos do sistema muito mais abrangente, capaz de aceitar e distribuir mensagens de centenas de sites usando o sistema de arquivos do Unix.

PALAVRA-CHAVE

C: linguagem de programação estruturada desenvolvida nos Bell Laboratories (parte da companhia telefônica AT&T), nos Estados Unidos, e usada para escrever o sistema operacional do Unix.

ARQUIVO X

Os primeiros nomes de grupos de notícias na Usenet foram designados por net.xxx e dept.xxx. A esses se seguiu o fa.xxxx, quando uma porta entre a ARPAnet e a Usenet foi aberta.

PROJETANDO UM PROTOCOLO

★ Os quatro projetaram um protocolo adequado para a transferência de mensagem, e Bellovin traduziu o protocolo em papel para três páginas de shell script a fim de testá-lo. A incrível facilidade e conveniência do shell script capacitou os pioneiros da Usenet a implementar o primeiro sistema e reduziu consideravelmente seu tempo de desenvolvimento. O notável primeiro shell script de Bellovin possibilitou múltiplos grupos de notícias, envio de notícias cruzadas entre grupos e listas de inscrições.

os quatro projetaram um protocolo para transferência de mensagens

★ Nesse ponto, outro pós-graduando da Duke, Steve Daniel, deu uma contribuição significativa para a idéia. Daniel sugeriu um formato para delinear áreas-temas, deu-lhes o nome de "grupos de notícias" e introduziu a estrutura hierarquizada de pontos dos grupos de notícias usada até hoje (como em comp.sys.atari.8bit).

* Daniel reescreveu o shell script de Bellovin usando o poderoso programa de linguagem C, e chamou o incipiente software de notícias e anúncios na Net de "A-News". Um dos primeiros grupos de notícias foi o net.chess, dedicado à segunda maior paixão de Truscott – escrever programas de xadrez capazes de vencer seres humanos.

inicialmente, os usuários da Usenet podiam ler seu correio, mas não enviar

CONECTANDO-SE

xadrez foi um dos primeiros grupos da Usenet

* Em 1979, os primeiros locais conectados à Usenet foram a Duke University e a Universidade de Carolina do Norte, alma mater de Bellovin. O terceiro foi o Departamento de Fisiologia da Faculdade de Medicina da Duke (o PHS), seguido logo depois por dois sites nos Bell Labs.

* ***No verão seguinte, havia oito computadores remotos ligados à Usenet*** e sua popularidade estava crescendo. O ponto crítico ocorreu quando **Mark Horton**, estudante de pós-graduação na Universidade da Califórnia em Berkeley, estabeleceu um link entre a Usenet e as nascentes listas de correspondência populares nessa época na ARPAnet (a UCB era uma contratadora e tinha uma porta para a rede).

Rua de mão única

Inicialmente, o link entre a Usenet e a ARPAnet era de mão única. Os usuários da Usenet podiam ler a correspondência vinda da ARPAnet mas não podiam enviar, devido a restrições de "uso apropriado", impostas pelo governo. Contudo, Horton persistiu e acabou estabelecendo uma alimentação entre a lista de correspondência e os grupos de notícias da Usenet. Rapidamente, a alimentação gerou uma massa crítica de tráfego, que atuou como um chamariz irresistível para que outros locais se juntassem à Usenet.

DO A-NEWS AO B-NEWS

★ Na primavera de 1981, o tráfego na Usenet era tal que o programa A-News estava em perigo de ficar sobrecarregado. As mensagens tinham de ser lidas em estrita seqüência, e a interface de usuário do A-News deixava muito a desejar. Estava claro que um novo software de notícias precisava ser criado.

PROJETO DE FÉRIAS

★ Mark Horton, da UCB, uniu-se a **Matt Glickman**, estudante da faculdade local que procurava por um projeto de computação para preencher suas férias de primavera. Horton trabalhava duro em sua tese e não podia reservar tempo para programação, mas juntos eles detalharam como seria o B-news. Glickman passou uma semana escrevendo e criando uma versão primitiva.

★ O novo software não só provou ter uma interface de usuário bem mais aperfeiçoada, como também possibilitou que os artigos fossem lidos fora de seqüência e apresentassem uma data de expiração, de modo que os artigos vencidos seriam expurgados automaticamente do sistema.

★ O B-News foi oficialmente liberado no fim de 1982. Embora nessa época a validade de grupos de notícias devotados a assuntos

arghh notícias dema

em 1981, o tráfego na Usenet estava fora de controle

PROTOCOLO DE NOTÍCIAS NA NET

Onde estaria a Net sem seus protocolos? Assim como qualquer outro serviço de Net, a Usenet conta com um protocolo todo seu – o Net News Transport Protocol (NNTP).

B-news liberado

o B-news foi lançado no fim de 1982

triviais fosse muito debatida, a Usenet permaneceu um posto de troca de informações sem censura, livre para qualquer um capaz de arcar com as despesas de telefone de uma conexão UUCP.

contas, contas!

PESADELO ALIMENTÍCIO

★ Na aurora do século XXI, a Usenet ostenta mais de 25 mil grupos de notícias, dedicados a qualquer assunto que você possa imaginar – alguns deles só nos seus PIORES PESADELOS. Grupos de notícias populares podem gerar muitos megabytes de dados por dia – provavelmente bem mais do que você é capaz de baixar e ler.

não estamos gostando disso

as empresas de telecomunicações holandesas não gostaram

A alimentação

A Usenet é uma das redes mais utilizadas da Internet. Grupos de notícias populares podem gerar centenas e centenas de mensagens todos os dias, embora os mais antigos reúnam no máximo duas ou três por semana. Que mensagens você vai ver depende de que grupos de notícias seu provedor disponibiliza para você – isto é, seu "alimentador de notícias" (newsfeed). Ele também controla muitos outros aspectos do serviço da Usenet. Alguns alimentadores de notícias atualizam-se quase de hora em hora, outros, em dias, e perdem uma porção de mensagens assim.

SUBINDO NOS TAMANCOS

A Usenet chegou à Europa pela primeira vez em 1983, quando Teus Hagen e Piet Beertema, programadores do Matematisch Centrum, em Amsterdã, estabeleceram um link transoceânico usando um modem de 1.200 bauds – aparelho então proibido pelas autoridades das telecomunicações holandesas.

PENEIRANDO OS PENETRAS

★ Embora a Usenet tenha a intenção de ser um ponto de encontro das comunidades online mundiais inteiramente sem censura, muitos provedores freqüentemente filtram os grupos de notícias menos saudáveis. Os principais dentre eles são os voltados para sexo bizarro, mas também há grupos dedicados à copiagem ilegal de softwares comerciais (pirataria) e hackers das comunicações (phreaks), mestres em grampear sistemas telefônicos.

leis locais supervisionam o abastecimento de notícias

Longo braço da lei

Tenha em mente que só porque seu alimentador de notícias disponibiliza grupos de notícias de coisas proibidas, isso não os torna legal. Se as leis locais proíbem uma atividade na qual você se engajou via um grupo de notícias, você pode estar se arriscando a parar na justiça.

SE VOCÊ DESEJA LER ISSO TUDO...

★ *O que você acha sobre essa censura depende em grande medida de suas preferências sexuais e de sua crença na liberdade de expressão* (o que na Usenet quase sempre significa inibir a do outro!).

★ Seu provedor tem critérios próprios para censurar a alimentação de notícias, e pode decidir que determinados grupos de notícias expirem rapidamente ou não fiquem disponíveis. No entanto, há formas de acessar todos os grupos de notícias, se você quiser – usando tanto provedores dedicados de notícias da Net como arquivos de Usenet da Web, como o Deja.com.

CROSS-POSTINGS

★ Como a Web, a Usenet comporta centenas de megabytes de PORNOGRAFIA. Algumas pessoas gostam da idéia, outras acham isso repugnante. O problema é que, diferentemente da Web, onde é muito fácil evitar o acesso a sites pornôs, a Usenet é cheia de algo conhecido como cross-postings – mensagens (em geral publicidade) enviadas para milhares de grupos de notícias de uma vez, independente de seu assunto.

o provedor censura o alimentador de notícias, mas os pais e os suscetíveis devem tomar cuidado: o conteúdo pornô pode escapar

★ Anúncios de serviços sexuais, amostras de Web sites pornôs e convites chocantes de insanos criminosos compõem a maior parte desses cross-postings. O resultado é que eles podem aparecer, sem que se espere, em grupos inofensivos lidos por CRIANÇAS ou pessoas sensíveis.

veja o que seus filhos estão olhando

Cuidado, pais

Como pai ou mãe, você pode supervisionar as incursões de seus filhos pela Usenet, assim como por outras partes da Net. Se, digamos eles gostam de ler as postagens de um grupo de notícias de música, você pode baixar todas de uma vez e editá-las offline, excluindo o que julga inadequado antes de permitir-lhes que leiam o resto.

a pirataria de software pode ser um grande problema

leitores de notícias podem ser cheios de recursos

LEITORES DE NOTÍCIAS

★ A Usenet é acessada com um programa "leitor de notícias" (newsreader) que organiza os vários grupos e manuseia downloads e postagens. A Microsoft e a Netscape oferecem leitores de notícias como parte de seus pacotes de programas para Internet, o Explorer/ Outlook Express e o Netscape Navigator. Ambos propiciam um acesso simples e eficaz às notícias. Há ainda vários leitores de notícias independentes, com um monte de recursos sofisticados, mas sem a conveniência da integração.

Outlook Express dá uma visão panorâmica da Net

OUTLOOK EXPRESS

★ Embutido na versão para PC do Internet Explorer 4.0 está o Outlook Express, um leitor de notícias e aplicativo de e-mail numa coisa só. O Outlook é um programa competente com uma variedade de recursos fáceis de usar.

★ A versão para Macintosh do Explorer também traz um leitor de notícias embutido, que funciona de modo bem similar.

HIERARQUIAS DA USENET

ALT: estranho e maravilhoso
COMP: papo de computador
MISC: tudo mais
NEWS: novidades da Usenet
REC: *hobbies* e passatempos
SCI: discussões científicas
SOC: grupos sociais
TALK: debate

LEITORES DE NOTÍCIAS

★ Versões antigas do Netscape Navigator também vinham com um leitor de notícias. Ele funciona perfeitamente bem, mas sua interface é tida como CONFUSA por alguns usuários, e ele não tem os sons e ruídos de alguns leitores de notícias posteriores.

eis aqui seu leitor de **notícias gratuito**

a maioria dos navegadores traz um leitor de notícias no pacote

CRITÉRIOS DE BUSCA

★ O conjunto Communicator da Netscape oferece um leitor de notícias separado conhecido como COLLABRA, que traz muitas vantagens sobre o software anterior do Navigator. Dentre elas, a principal é o recurso "Busca por um Grupo", útil para localizar grupos de notícias de seu interesse. Basta entrar com uma palavra-chave em um diálogo de busca pop-up e o Collabra faz o resto, arrastando-se através dos milhares de grupos e pegando os que casam com o critério de busca. Faça isso manualmente uma ou duas vezes e você vai ficar agradecido por ele para sempre!

"que artigo excelente!"

OUTROS LEITORES

Para quem não possui o Outlook Express ou o Netscape Communicator, ou experimenta outros produtos, há muitos outros aplicativos de leitores de notícias. Para PC (somente), há o excelente "Agente" da Fort Inc., disponível, sob o nome Free Agent, para download gratuito do site da empresa (ver páginas 188-89). Usuários de Macintosh talvez gostem de dar uma olhada no Newswatcher, um programa similar disponível para download em uma variedade de locais na Net (ver páginas 188-89 para URLs).

estou procurando gente como eu

o "Busca por um Grupo" encontra grupos de notícias sob medida agora diga

olá

o primeiro passo é apresentar seu leitor de notícias a seu servidor de notícias

ACESSANDO A USENET

*** Em todos os casos, o primeiro passo ao acessar a Usenet é dizer ao seu programa leitor de notícias o nome de seu servidor de notícias. Ele é fornecido pelo seu provedor e se assemelha a algo como: news.wimpleware.co.uk (note que, a não ser pela falta do símbolo de @, ele é muito parecido com os endereços de e-mail).**

ECONOMIZANDO

Você pode usar seu leitor de notícias para navegar e ler mensagens interativamente quando estiver online, ou instruí-lo para baixar mensagens junto com seus cabeçalhos e depois lê-las off-line, economizando no uso do telefone. Este último método é conveniente para peneirar mensagens inadequadas e cross-postings, de modo que fiquem longe de crianças. E também poupa seu dinheiro. O único senão é que baixar todas as mensagens de um grupo de notícias popular pode levar algum tempo.

O GRANDE DOWNLOAD

* O próximo passo é acessar o servidor de notícias pela primeira vez e baixar uma lista completa de grupos de notícias disponíveis para você. O processo sem dúvida tomará algum tempo (talvez 20 minutos ou mais), mas uma vez que o download estiver completo você pode navegar por eles e ler os que o servidor de notícias mantém online. Mas para alguns dos mais obscuros será preciso fazer um pedido específico ao seu provedor.

NAVEGANDO E POSTANDO

Quando você navega pelos cabeçalhos de um grupo de notícias, um clique simples ou duplo abre cada um e mostra sua mensagem na tela.

navegar pelos grupos de notícias pode ser divertido

Nesse momento, você pode responder postando diretamente para o grupo, seja por e-mail, seja clicando o botão apropriado ou selecionando a opção que deseja de um menu; vai depender do aplicativo de leitura de notícias que você estiver usando.

não espere muita rapidez da resposta pois as mensagens podem levar algum tempo até circular por um grupo

* Ao postar para um grupo, as respostas a sua mensagem chegam até você quando faz um REFRESH (renovação) da lista de cabeçalhos (isto é, faz o leitor de notícias acessar o servidor de notícias e baixar eventuais cabeçalhos novos). Contudo, sua mensagem pode levar um dia ou mais para circular por toda a rede da Usenet, não espere resposta imediata.

uma postagem pode demorar um pouco para receber resposta

SERVIÇO DE INSCRIÇÃO

Todos os programas leitores de notícias populares permitem que você se inscreva em seus grupos favoritos. Isso significa que da próxima vez que rodar o software será apresentado a uma conveniente lista dos grupos em que se inscreveu (isso não quer dizer que esses grupos de notícias serão enviados diretamente para seu computador). O que uma inscrição faz é prover um atalho para seus grupos de notícias favoritos, de modo que você não precisa se arrastar pela imensa lista de grupos de notícias (hoje, 25 mil ou mais) para achar os que gosta toda vez que quiser lê-los.

PERGUNTAS E RESPOSTAS

★ Quase todos os grupos de notícias têm seu próprio FAQ (Frequently Asked Questions), que oferece respostas para as questões freqüentemente feitas pelos "newbies" (os novatos do grupo). Perguntar e responder a essas questões vezes sem conta é um desperdício de largura de banda, fere a netiqueta e provavelmente vai suscitar uma resposta mal-humorada por parte do menos paciente dentre os *habitués* do grupo.

grupos de notícias têm sua própria maneira de oferecer respostas para as mesmas perguntas de sempre

PALAVRA-CHAVE

FAQ: Frequently Asked Questions – uma lista de perguntas que são sempre feitas, junto com suas respostas

FAQS EM ARQUIVO

★ *Às vezes o FAQ é regularmente enviado para o próprio grupo de notícias pelo moderador do grupo* ou alguma outra pessoa designada para a tarefa. Ocasionalmente, um endereço de Web site é dado para o FAQ. Como newbie, você precisará se dar ao trabalho de ler o FAQ, pois ele tem as respostas para a maioria de suas questões iniciais e, talvez o mais importante, lhe dará uma percepção sobre como o grupo se conduz.

★ Se o FAQ não tem a informação que você quer, escreva para o grupo de notícias dizendo que você leu o FAQ mas não pôde encontrar uma resposta para a questão que o incomodava.

não fique fazendo as mesmas perguntas

★ Embora FAQs muitas vezes contenham INFORMAÇÕES CONSISTENTES, às vezes são opiniões particulares de pessoas, que você pode perfeitamente ignorar. Como em tudo mais que você lê, confie em seus próprios instintos!

quer achar uma resposta? procure no índice central de FAQs

ANEXOS

★ Muitas mensagens de Usenet são postadas com anexos como imagens, sons, animações e, às vezes, todo um programa. Eles estão invariavelmente em FORMATO DE ARQUIVO PADRÃO, como JPG ou GIF para arquivos de imagens e AVI ou MPEG para animações e vídeos, ou em um dos muitos formatos populares de compactação para arquivos binários.

é perfeitamente normal ignorar as opiniões que você encontra nos FAQs

★ A maioria dos leitores de notícias manipula imagens, sons e vídeos AUTOMATICAMENTE, mostrando-os, tanto na mesma linha da mensagem como em uma janela separada, após você ter escolhido ver o anexo a partir de uma opção no programa principal, ou executando um software auxiliar.

CATÁLOGO DE FAQS

Um índice central de FAQs é mantido pelo Massachusetts Institute of Technology (você pode encontrá-lo em ftp://rtfm.mit.edu/pub/usenet-by-hierarchy).

ESQUISITICES!

Na Usenet, você verá um monte de palavras que terminam em "z" e algumas deliberadamente escritas de modo esquisito ou com estranhas capitulares no meio – WaRez (software pirata), pHreAKerz (pessoas que interferem no sistema telefônico) etc. Essas mensagens vêm de auto-intitulados cyberpunks, que querem se passar por mestres tecnológicos capazes de fazer a Net se curvar a sua vontade.

OS PERIGOS DA USENET

★ Você precisa tomar extremo cuidado ao abrir anexos de alguns grupos de notícias – particularmente grupos controversos voltados a "WaRez", vírus e coisas assim. Cheque sempre os arquivos vindos de fontes suspeitas passando neles o scanner de um programa antivírus.

cuidado ao abrir um anexo

SPAMMERS, TROLLS E LURKERS

★ Quando muitas pessoas se juntam para partilhar seus pontos de vista, tenha certeza de que algumas delas manifestarão ESTRANHAS IDÉIAS sobre como se comportar ou o que constitui uma mensagem aceitável.

★ O tipo de postagem mais conhecido é o SPAM (literalmente, "enlatado") – anúncios comerciais ou outras mensagens descabidas enviadas como informação. Alguns anos atrás, os spammers atraíram a IRA dos missivistas sérios da Usenet e ficavam inundados de mensagens furiosas. Hoje, a atividade comercial na Internet é tal que o spam virou fichinha. Um desperdício de largura de banda e só; melhor ignorar.

★ TROLLS – pessoas que fazem postagens provocativas para incitar flame wars (ver páginas 52-53) – são amplamente ignorados hoje em dia, também. Após alguns meses online com a Usenet, você terá visto todas as combi-

PALAVRA-CHAVE

TROLL: alguém que faz postagens provocativas como isca ("flame bait") numa tentativa deliberada de incitar uma guerra acalorada.

alguém realmente gosta de enlatado?

nações possíveis de estupidez humana, assim o que poderia motivá-lo a morder uma isca como essa e cair na provocação?

★ LURKERS são pessoas que navegam pelas mensagens da Usenet sem dar nenhuma contribuição. Essa atitude pouco participativa já foi vista como anti-social – embora em alguns casos possa ser uma bênção!

muitas vezes bits de um arquivo multipartido ficam faltando

REGRAS DE NETIQUETA

★ ***Mais do que em qualquer outro serviço da Net, a Usenet tem um código de conduta que é bom seguir***. Na verdade, sair completamente queimado é hoje cada vez mais raro, mas quebras de netiqueta provavelmente suscitarão comentários ácidos de outros usuários e você pode perder sua credibilidade a tal ponto de não ser mais capaz de trocar mensagens úteis.

★ Apesar disso, embora a maioria das pessoas siga a etiqueta da Usenet, muitas a ignoram, fazem cross-postings freqüentes e xingam ou ofendem os outros participantes do grupo.

Postagens multipartidas

Alguns arquivos grandes – como vídeos e aplicativos – são divididos no que se conhece como postagens binárias multipartidas. Eles podem ser reconhecidos por uma seqüência de envios em um grupo de notícias todos com o mesmo nome, mas numeradas, como:

Winona de biquíni – win.jpg (01/05)
Winona de biquíni – win.jpg (02/05)
Winona de biquíni – win.jpg (03/05)

... e assim por diante. É preciso fazer o download de todas as partes para reconstruir o arquivo original. Muitas vezes você descobrirá que uma ou mais partes de um arquivo multipartido muito grande estão faltando. Isso é chato e pode ocorrer por várias razões, como seu provedor ter expirado parte da postagem. Cheque os cabeçalhos das postagens multipartidas, e se uma parte estiver faltando nem se dê ao trabalho de baixar o resto.

lurkers são pessoas que lêem mas não participam

as pessoas querem notícias personalizadas

DEJANEWS

★ Você talvez ache que seu provedor oferece um alimentador de notícias reduzido, ou que os artigos expiram antes que você tenha a chance de lê-los. As duas situações são irritantes: algumas pessoas estão interessadas em outros temas que não vinho, filmes ou as últimas da Microsoft, e nem todo mundo está disponível para inúmeros logons diários a fim de recolher as últimas postagens.

é melhor seguir o código de conduta

FORMA LIVRE

Sinta-se livre para ignorar o código de conduta se é melhor para você – muita gente o faz. Mas pense duas vezes antes de ser desagradável.

NOTÍCIAS ARQUIVADAS

★ Para contornar o problema, você pode acessar um dos arquivos da Usenet na Web. *O melhor e mais conhecido é o DejaNews* (ver páginas 94-95), que inclui postagens arquivadas da Usenet desde 1995. O uso do DejaNews é gratuito, mas você terá de aturar uma certa quantidade de propaganda.

PAUSAS IRRITANTES

★ Até recentemente, a publicidade não interferia com o processo de leitura dos grupos de notícias. Mas uma mudança de estrutura provocou pausas irritantes e impossíveis de ignorar, após os banners de publicidade serem descarregados e antes que as mensagens e cabeçalhos sejam mostrados. Isso ocorre toda vez que você clica em uma mensagem ou postagem lembrete. A tela fica limpa e então um banner de publicidade é baixado e exibido – seguido por uma pausa perceptível e EXASPERANTE, para levá-lo a ler o anúncio. ✱ Contudo, mesmo pausas irritantes são melhores do que não ser capaz de ler nenhum grupo de notícias porque seu provedor não oferece um ou expira rapidamente as mensagens.

não escreva tudo com maiúsculas a menos que queira expressar grito

BATA NO RELÓGIO

✱ Se você se enerva com as pausas entre a publicidade e as mensagens, tente clicar no botão "Parar" do seu navegador alguns segundos após o anúncio aparecer. Isso diminuirá a pausa e fará com que a mensagem seja exibida. O clique deve ser muito bem sincronizado, ou interromperá a transmissão da própria mensagem, que terá de carregar novamente – o que será ainda mais irritante!

desculpe!

se necessário, inclua desculpas em sua postagem

Netiqueta de Notícias

Leia os FAQs dos grupos de notícias e tente fazer apenas postagens pertinentes. Se você sair do assunto em questão, inclua um pedido de desculpas em sua postagem. Ignore cross-postings, não há sentido em ocupar ainda mais largura de banda replicando a engraçadinhos que provavelmente não darão a mínima. Não cite postagens inteiras em suas respostas, ou você desperdiça largura de banda. Tenha consciência de que alguns outros usuários talvez não exibam o mesmo nível cultural que você, e que apontar para esse fato é extremamente deselegante. Se achar que deve dar uma resposta afiada, respire fundo antes. Não escreva com maiúsculas – a menos que queira dar a entender que está gritando.

USANDO O DEJANEWS

★ Para usar o DejaNews, enderece seu navegador para http://www.deja.com/. Entre com o nome de um grupo de notícias no campo de busca fornecido e o DejaNews lhe exibirá as mensagens mais recentes associadas ao grupo. Se ele não puder encontrar o grupo de notícias que você deseja (porque você escreveu o nome de forma incorreta) ou se você entrou com uma palavra-chave em vez de um nome de grupo de notícias, o DejaNews fornecerá uma lista de grupos de notícias que mais se aproximam de seus critérios de busca. Selecione um deles clicando em cima, e as postagens recentes serão mostradas.

GRUPOS DE NOTÍCIAS INDEPENDENTES

Há muitos grupos de notícias que operam em redes independentes da Usenet. Alguns são orientados para notícias e informações locais, outros objetivam satisfazer as necessidades de usuários de produtos e serviços particulares. Os exemplos incluem a rede gnu para aficionados de Unix, eunet, entrega de notícias européias, e serviços específicos para o Reino Unido, como uk.events, que detalha *happenings* por todo o país.

com o DejaNews não há necessidade de se apoiar em um pombo correio para notícias personalizadas

SERVIÇO PERSONALIZADO

★ Também é possível registrar uma conta personalizada com o DejaNews (serviço chamado de MyDejaNews). O registro é direto e gratuito e, como bônus, você pode ganhar uma caixa postal grátis.

* Uma conta MyDejaNews permite que você se inscreva em grupos de notícias que gosta de ler regularmente, deixando-os prontos para que você os abra e leia tão logo faça o logon no serviço.

investigue o perfil deste autor

você pode rastrear pessoas usando um perfil de autor

PODERIA SER VOCÊ!

* Assim como notícias e correspondência, o DejaNews oferece ainda um interessante serviço de "PERFIL DE AUTOR". Ele permite a qualquer um averiguar o histórico de postagem de todo usuário missivista da Usenet. Digite um nome no mecanismo de busca do DejaNews e todas as postagens dessa pessoa remontando a 1995 serão exibidas, junto com seu endereço de e-mail.

* Como você deve imaginar, perfis de autor são potencialmente EMBARAÇOSOS. Pode ser que alguém na rede queira o seu perfil – então sempre tome cuidado na postagem!

tenho notícias especiais no meu

DejaNews torna as notícias individualmente relevantes

Perfis

Com os perfis de autor fica fácil seguir a postagem de pessoas que você acha interessantes. Também é um modo útil de localizar postagens de pessoas que são especialistas em seu campo, ou de rastrear endereços de e-mail (na verdade, diretórios de endereços de e-mail usam esse método).

preciso trabalhar no meu perfil de autor

COMEÇANDO UM GRUPO DE NOTÍCIAS

★ Como os grupos de notícias são estabelecidos? Mediante um processo complicado de anúncios e votação, numa tentativa de estabelecer um quórum de popularidade razoável para o grupo sugerido.

os grupos de notícias são iniciados por um processo de votação e nomeação

PALAVRAS-CHAVE

HIERARQUIA: uma categoria da Usenet.
STRING: uma frase ou outra seqüência de caracteres ASCII.
STRING DE CONTROLE DE TEXTO: string usada para comandar um serviço ou um computador.

existe um **atalho?**

há atalhos para estabelecer um, mas eles têm inconvenientes

Ajuda para criar grupos de notícias estão disponíveis na Web (ver página 186 para URLs).

PROCESSO DEMOCRÁTICO

★ ***É difícil, mas não impossível, começar um grupo próprio*** – embora as dificuldades envolvidas na verdade trabalhem em benefício da Usenet, ao manter grupos inúteis ou potencialmente impopulares de fora (baseado em quantas pessoas os querem, não em quantas pessoas concordam com seu assunto), maximizando assim a largura de banda para os grupos populares.

★ Para CRIAR UM GRUPO DE NOTÍCIAS, decida sob que hierarquia o grupo irá residir. A maioria das hierarquias têm um .config grupo de notícias, que é onde você proporá novos grupos.

★ Obviamente, você precisará preparar um FORTE ARGUMENTO para a criação do novo grupo. Não tenha pressa, para que sua proposta seja convincente e válida. Você terá ainda de escolher um nome apropriado (é possível ter uma idéia de "apropriado" vendo os nomes dos outros grupos na hierarquia).

***** Agora poste sua proposta para o .config grupo de notícias. Outros irão votar nela (por uma rota convoluta) e, se você receber ao menos o dobro de votos “sins” do que de “nãos”, e se houver no mínimo 100 “sins” a mais do que votos “não”, então o grupo vingou.

não manterás um grupo de notícias

visite-me eu sou interessante

você precisa incentivar as pessoas a visitar seu grupo de notícias

ATALHO PARA LUGAR NENHUM ?

***** Como alternativa, você pode começar um grupo de notícias na hierarquia “alt” (all kinds of topics) apenas postando uma STRING DE CONTROLE DE TEXTO numa mensagem especial. O único problema será como fazer com que as pessoas o visitem e escrevam para seu grupo.

EVITANDO A DUPLICAÇÃO

Antes de tentar começar um grupo de notícias seu, cheque a própria Usenet para ver se algum que vai ao encontro de seus interesses não foi recém-criado. O processo de criação é contínuo, e há grupos de notícias voltados unicamente a listar os novos. Para descobrir se grupos similares já existem, você pode instruir seu leitor de notícias a fazer uma atualização em seu banco de dados para então realizar uma busca com uma palavra-chave (alguns leitores de notícias se oferecem para baixar e exibir novos grupos de notícias em todo logon). Ou então você pode ler um grupo de notícias de news.lists para um painel atualizado da Usenet.

CAPÍTULO 5

PARAFERNÁLIA ELETRÔNICA

★ Como você pode imaginar, há uma imensa parafernália subterrânea que concretiza fisicamente a Internet, embora grande parte dela seja relativamente simples de entender, mesmo para o novato em computação. A Internet, como vimos na Introdução, é uma rede de redes interconectadas baseada em um método de transmissão de dados, conhecido como comutação de pacotes, que foi projetado por inúmeros cientistas da computação trabalhando de forma mais ou menos independente no começo dos anos 60.

computadores aprendiam a se comunicar

ROTAS TORTUOSAS

★ *As primeiras tentativas de pôr computadores para falar entre si utilizaram conexões* diretas entre máquinas na mesma sala ou no mesmo prédio. Esses experimentos levaram a computadores em diferentes locais, sendo ligados juntos usando a "comutação de circuitos" pela rede de telefonia pública.

FALHAS FATAIS

A comutação de mensagens em vez de circuitos propiciou um salto adiante na tecnologia de rede, mas com duas falhas importantes. Mensagens longas monopolizam a conexão na transmissão e podem excluir outras mensagens. Além disso, mensagens muito grandes podem exceder os recursos de nó exigidos para armazenar e enviá-las, e elas podem se perder.

as coisas eram difíceis antes da comutação de pacotes

✱ A comutação de circuitos é uma forma de criar uma única TRILHA ELÉTRICA entre duas entidades, sejam computadores ou assinantes de telefone. Um equipamento eletromecânico no telefone troca linhas comutadas por uma trilha contínua, até que o telefone de um dos assinantes esteja finalmente conectado ao do outro. Eles, então, podem se comunicar.

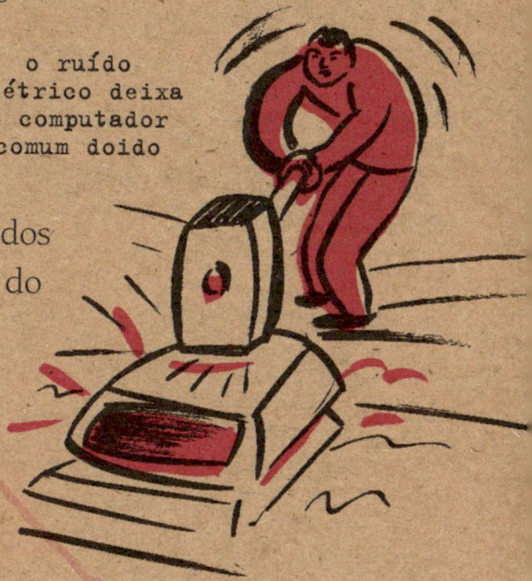

LENTO, CARO E BARULHENTO

✱ Embora pareça ser uma solução razoável, ela é na verdade ineficaz e resulta em transmissões de baixa qualidade. A linha tem de ser usada exclusivamente pelas duas pessoas que se comunicam, e o equipamento de comutação do circuito introduz nele massas de "ruído" elétrico. Esse ruído pode ser facilmente filtrado pelo ouvido humano mas deixa a maioria dos computadores zonza!

✱ Há ainda outras desvantagens. Os custos de equipamento são comparativamente altos e, em termos de computador, os circuitos levam um longo tempo para se estabelecer – uns poucos segundos representam uma era para um computador, que opera à razão de milionésimos de segundo.

✱ Mas a comutação de circuito pelo menos provou a possibilidade de ligar computadores; e a partir desse conceito, os cientistas partiram para um método mais sofisticado, chamado comutação de mensagem, utilizando uma rede de conexões de minicomputadores parcialmente dedicada.

O PRÓXIMO PASSO

Com a comutação de mensagem, os computadores remotos conectam-se aos nós, que por sua vez agem como comutadores, encaminhando as mensagens pela rede. Qualquer nó pode se comunicar com outro, embora nem sempre por conexão direta. O ruído elétrico é inexistente, pois a comutação é mais "lógica" do que física; os computadores remotos podem se comunicar a velocidades diferentes, porque a rede de nós opera à base de armazenagem temporária (*buffering*); e não há perda de tempo para estabelecer uma conexão. As mensagens podem ser enviadas mesmo quando um computador remoto não está pronto para recebê-la ("armazene e envie").

A SOLUÇÃO EM UM PACOTE

* No final, a teoria da comutação de mensagem foi aperfeiçoada no que veio a ser a comutação de pacote. Esta também utiliza uma rede de nós parcialmente conectada, mas as mensagens são quebradas em pacotes pequenos e discretos. Cada um leva um endereço de destino e pode ser direcionado através da rede usando a trilha mais conveniente a um dado momento.

a solução estava no envio de pequenos pacotes de informação

PALAVRAS-CHAVE

INTERLEAVING: mistura de pacotes a partir de diferentes mensagens.

MULTIPLEXING: o uso de um meio para enviar muitas mensagens simultaneamente.

o modem é um leitor de sinais eletrônicos

PASSE O EMBRULHO

* *Os pacotes são recebidos por um nó e remontados em uma mensagem antes de passados para o computador remoto*. Pacotes pequenos significam que os recursos da rede são gerenciados com mais eficiência. Os pacotes também podem ser facilmente intercalados, levando as mensagens a serem transmitidas em ligação multiplex, o que maximiza a sempre importante largura de banda.

* Na incipiente Internet, os nós tornaram-se IMPs (Interface Message Processors), acoplados para formar uma malha parcialmente conectada. Cada nó se relacionava com mais de quatro computadores remotos conectados a ele.

★ ***Um computador remoto passava uma mensagem de mais de 8K para seu nó***, que quebrava a mensagem em pacotes de 1K e os entregava através da rede. Se um computador remoto enviasse uma mensagem maior do que 8K, teria de quebrá-la em pacotes de 8K antes de passá-la ao nó; o computador remoto receptor então remontaria os pacotes de 8K em uma mensagem.

TRADUÇÃO BILINGÜE

★ Um modem é um INTÉRPRETE ELETRÔNICO que fala duas linguagens – a digital e a analógica. Os sinais presentes dentro de um computador são DIGITAIS: os valores são representados por voltagens positivas e negativas, que resultam no que é chamado uma onda quadrada, um sinal sim-novamente-não-novamente representando dois estados.

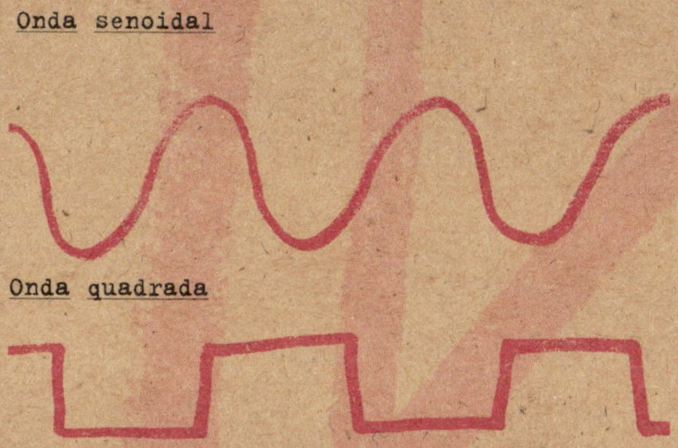

as ondas senoidais representam os sinais analógicos, as ondas quadradas são sinais digitais

★ No mundo físico, os sinais são invariavelmente ANALÓGICOS. Um sinal analógico é um que varia continuamente e potencialmente pode representar uma escala infinita de valores. O sinal analógico é chamado de onda senoidal.

um modem é uma ponte entre o computador e o telefone

Dispositivo-ponte

O modem está no cerne de quase todas conexões dial-up típicas com a Internet, envolvendo um computador de mesa e um provedor. O modem é o aparelho que forma uma ponte entre o computador e a linha de telefone, permitindo aos dados passar de um a outro até seu provedor e, enfim, para a Internet.

CONEXÃO DIAL-UP

O público mais amplo não tem acesso direto a um sistema computador remoto/IMP, e é aí que entra a conexão dial-up com a Internet. A conexão dial-up permite a qualquer um com um computador, um modem e uma linha telefônica discar para um computador remoto conectado à Net.

ANALÓGICO E DIGITAL

★ Sinais digitais podem ser usados para representar sinais analógicos, o que se consegue por meio de uma técnica conhecida como "quantificação" ou, mais comum hoje em dia, "amostragem" (sampling). O sinal analógico contínuo é examinado muitas vezes (tiram-se "samples") para compor uma lista de valores discretos. Se esses valores são reproduzidos na velocidade em que foram sampleados, uma descrição positivamente acurada do sinal analógico original é criada.

HI-FI

A amostragem digital ocorre quando você toca um CD de música. A música propriamente dita é analógica, mas foi sampleada numa taxa alta e armazenada em forma digital – um padrão de bits – no CD. Esses bits são processados durante a reprodução e o resultado é a música. É claro que quanto mais amostras ("samples") forem tiradas do sinal original, mais acurada será a representação digital final. Taxas de amostragem baixas resultam em um baixo grau de "fidelidade" ao original. Taxas de amostragem altas tapeiam o ouvido – ou o olho, com o vídeo digital – e geram uma reprodução hi-fi (*high-fidelity*).

SINAIS RELEVANTES

★ *Telefones domésticos utilizam sinais analógicos para representar a voz humana.* Isso faz sentido porque a própria voz é um sinal analógico – uma onda de pressão – que, para fins de transmissão, é traduzida em uma onda eletromagnética.

CDs de música usam amostragem digital

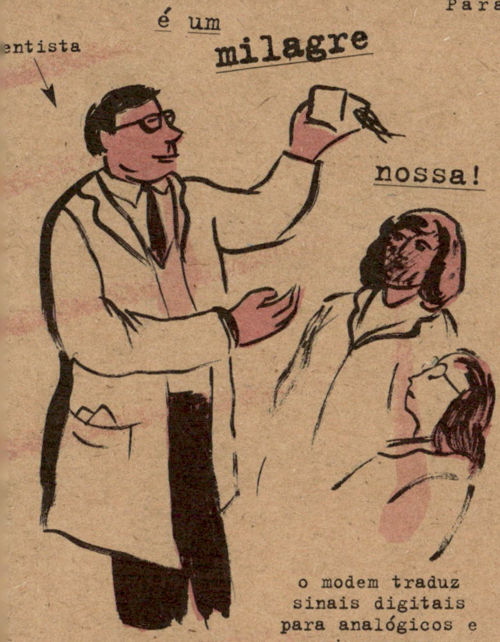

o modem traduz sinais digitais para analógicos e vice-versa

★ Computadores, no entanto, não falam analógico. Seu meio é o sinal digital. Eles representam dados digitalmente, mediante um SISTEMA BINÁRIO que utiliza "sins" e "nãos" elétricos. Para um computador se comunicar através da rede telefônica, algum tipo de dispositivo é necessário a fim de transformar seu "sinal" digital em um equivalente analógico, apropriado para transmitir e decodificar esse sinal na extremidade receptora.

UM MILAGRE FALANTE

★ O modem preenche esse papel. A palavra "modem" é uma contração de duas outras – MOdulador e DEModulador – para criar o nome que efetivamente descreve o que o aparelho faz. Um modem modula um sinal analógico para um digital, e traduz o sinal digital – demodula – na extremidade receptora.

PALAVRAS-CHAVE

BIT:
aglutinação de "binary digit" – a menor unidade de informação.
DIGITAL:
dados analógicos quebrados em minúsculas amostras individuais.
MODULAR:
transmitir.

TECNOLOGIA CONVERGENTE

No fim da década de 80, a rede telefônica do Reino Unido foi convertida, a um alto custo, da tecnologia analógica para um sistema digital chamado Sistema X. Embora os telefones continuassem a passar sinais analógicos para o sistema, eles eram convertidos em sinais digitais e transmitidos através da rede, usando um método conhecido como "modulação de código de pulso" – em essência, a quebra dos sinais em pedaços discretos para maximizar largura de banda e fidelidade (em outras palavras, uma versão telefônica da comutação de pacotes).

INS E OUTS DOS MODEMS

✱ Modems existem em todos os tamanhos e modelos. A diferença mais óbvia, contudo, é se o dispositivo é externo (uma caixa separada junto ao computador) ou interno (uma placa plugada dentro dele) e a escala de velocidades de transmissão oferecida pelo aparelho.

PALAVRAS-CHAVE

Placa de expansão: periférico de computador na forma de um circuito conectado internamente.

Porta I/O: um conector em um computador pelo qual os dados são transferidos (a porta I/O padrão é chamada RS232 ou porta serial).

RS232: o nome americano para o padrão CCITT V24 de definição de transmissões seriais – dados passando entre computadores e "equipamento de término de circuito" (principalmente modems).

INTERNO VS. EXTERNO

✱ Um modem EXTERNO é conectado ao seu computador de mesa por um cabo com um plugue que se encaixa na porta I/O. Um modem externo tem sua própria fonte de alimentação, em geral um transformador de corrente contínua que é ligado diretamente na rede elétrica. Assim como há um cabo que o liga ao computador, existe um que conecta o aparelho a um soquete no telefone; e às vezes um soquete no qual você pode ligar o telefone (se você não tiver uma extensão para o soquete). Se o modem comporta correio de voz, fax etc., então há conectores para adicionar microfones e alto-falantes, também.

✱ Um modem INTERNO é conectado por meio de um slot de expansão dentro do computador. Normalmente ele tem um conector para ligá-lo ao soquete do telefone. Não há necessidade de fonte de alimentação, pois o modem recebe sua energia do computador. De modo similar, os dados são transferidos diretamente pelo slot de expansão.

"oh, mas eu preciso ir direto"

★ *Modems externos são caros se comparados com os internos*, que são simplificados até pouco mais do que uma placa de expansão. Modems internos dispensam cabos e soquetes,

ah, se eu tivesse um modem adequado

acopladores acústicos são modens de baixa tecnologia e sofrem muito com os ruídos externos

e oferecem transferência estável de dados por meio de uma conexão direta. Contudo, eles podem ser usados apenas com PCs compatíveis. Usuários de Mac ou de computadores de 16 bits, que eram populares há alguns anos, como um Atari ST ou uma Commodore Amiga, terão de usar um modem externo.

ACOPLADORES ACÚSTICOS

Os modems de conexão direta (que são plugados diretamente no soquete do telefone) foram precedidos pelos "acopladores acústicos". Trata-se de modems de velocidade baixa com um par de taças de borracha onde a parte móvel do telefone é pousada. Tons modulados são dirigidos ao bocal através das taças de borracha, exatamente da mesma forma como você fala e ouve ao telefone. Acopladores acústicos sofrem muito com o ruído externo e, portanto são severamente limitados em suas velocidades de operação. Hoje foram amplamente abandonados, mas ainda podem ser úteis para conexão com telefones que não têm soquete, como os que existem em cabines telefônicas públicas ou em quartos de hotel.

VELOCIDADES DE MODEM

★ Os primeiros modems amplamente disponíveis comunicavam-se a uma velocidade de 300 bauds, apesar de um fluxo de baud de 75/1.200 ser popular no Reino Unido. Argumentou-se que a maioria dos usuários não era capaz de digitar muito rapidamente e que, portanto, não teria necessidade de transmissões muito acima de 75 bauds, mas se beneficiaria de uma recepção de dados de outros computadores a uma velocidade mais rápida.

velocidade é muito importante para um modem

PALAVRA-CHAVE

BAUD: medida da velocidade das comunicações de um modem, assim chamada devido a J. M. E. Baudot (1845-1903), inventor de um código telegráfico elétrico de 5 bits (Alfabeto Telegráfico Internacional nº 2). O fluxo de Baud é grosseiramente semelhante aos bits por segundo (bps), embora a diferença seja significativa a velocidades mais elevadas (pois o fluxo de Baud mede impulsos por segundo, não bits).

DE 300 A 2.400 BAUDS

★ *Os antigos modems de 300 bauds eram operados manualmente*. Ou seja, o usuário tinha de selecionar o modo de operação, apertando um botão na frente do aparelho, discar o número do serviço desejado e então fazer o modem se comunicar, após ouvir um tom vindo da outra ponta.

modems antigos eram operados a mão

★ Modelos posteriores foram dotados de operação AUTOMÁTICA. Eles estavam aptos a discar, negociar uma velocidade de operação e iniciar a comunicação – tudo controlado por um software no computador remoto. Alguns modems, conhecidos como "autodiscagem/auto-resposta", eram capazes ainda de automaticamente detectar um modem chamando e, então, responder. Essas engenhocas mais sofisticadas permitiram aos usuários fazer com que os primeiros quadros de aviso eletrônico funcionassem em computadores pessoais.

★ Logo os modems de 1.200 bauds se espalharam, e o consenso na época (meados dos anos 80) era de que a velocidade fosse a mais rápida possível, utilizando linhas de telefone domésticas. Mas essa suposição logo se provou errada – quando um método foi descoberto para capacitar modems a atingir verdadeiramente incríveis 2.400 bauds, por artifícios técnicos.

CADA VEZ MAIS RÁPIDO

★ E assim, até hoje, os modems mais velozes disponíveis comunicam-se a 56K bauds (comparados com os 2,4K de apenas alguns anos antes), usando engenhosos protocolos próprios desenvolvidos por vários fabricantes.

★ Na verdade, o "padrão" 56K é de fato um tipo de fluxo de baud dividido. Você transmite para o provedor, usando uma velocidade de 33K bauds, e recebe em 56K, quando as condições da linha o permitem (o que é raro, vale dizer). NA PRÁTICA, O MÁXIMO parece estar em torno de 45K.

eu quero o **mais rápido** que você tiver

Melhor preço

O preço tem seu papel na escolha do modem mais rápido. Um aparelho que oferece 56K será mais caro do que um de 28K, por exemplo. Contudo, uma velocidade de operação mais rápida significa uma economia direta nas contas de telefone.

TELEFONIA HIGH-TECH

Um novo (mas nem tanto) padrão para transmissão por linha telefônica é a ISDN – sigla de Integrated Services Digital Network, um sistema que abandonou as comunicações analógicas em favor da modalidade digital. Como as linhas de telefone da ISDN usam apenas sinais digitais, não há necessidade de conversão do digital para o analógico. O resultado é uma velocidade de transmissão muito mais elevada (caracteristicamente, 128K bauds), e maior fidelidade.

O SINAL DE "V"

★ Não é gesto rude, mas uma forma padrão de especificar o fluxo de velocidade de um modem. O padrão de 56K é conhecido como V90 – ou melhor, um dos padrões 56K, sendo os outros X2 e 56Kflex –, enquanto o 28K é conhecido como V34 e o 14K como V32bis (a nomenclatura foi inventada por franceses, por isso o "bis").

o sinal de V é uma forma de especificar velocidade de um mod

a compactação ajuda os arquivos a permanecer juntos

Não se perder

A compactação é utilizada para reduzir o número de bytes em um arquivo e aumentar a velocidade nas transmissões de dados. Mas é também usada para um propósito mais hermético: juntar programas e a configuração a eles associada, e suportar arquivos em um único arquivo comprimido, de modo que possa ser transmitido como um bloco contínuo – em vez de uma série de arquivos, alguns dos quais podem se perder no processo.

OS EFEITOS DA COMPACTAÇÃO

★ ***Outro V padrão é usado junto com a mensu ração de velocidade***, que é o V42 – o padrão p ra compactação de dados e checagem de erros.

★ A COMPACTAÇÃO permite que grandes arquivc sejam comprimidos em menores, aumentando muito a velocidade de transmissão. É por isso que fabricantes de modem, provedores e outros podem aconselhá-lo a pôr seu computador para se comunicar a uma velocidade de, por exemplo, 115K, quando o máximo que seu modem alcança é 56K. A compactaçãc diminui a lacuna.

UM LITRO EM UM COPO

★ A compactação de dados é usada em toda comunicação entre computadores, em vários níveis. Quando você baixar arquivos de um servidor FTP, eles quase invariavelmente terão sidc compactados usando um dos formatos "padrões", como o Zip ou StuffIt. A compactação também pode ser encontrada no nível do hardware de um modem. Modems modernos compactam e descompactam dados rapidamente (usando um sistema conhecido como MNP, ou MIRACOM NETWORK PROTOCOL, segundo o nome da empresa que o projetou) conforme eles chegam, vindos do computador remoto, antes de transmiti-los pela linha telefônica.

está respondendo à compactação muito bem

alguns arquivos respondem à compactação melhor do que outros

DOCILIDADE

★ Alguns arquivos respondem de forma excelente à compactação, mas outros, que já estão armazenados em algum tipo de formato compactado (como o formato de arquivo de imagens JPG), não, pois já tiveram sua redundância removida em um alto grau.

Reduções

Como é possível reduzir o tamanho de um arquivo e reconstituí-lo na extremidade receptora? A compactação está fundamentada na busca de bytes redundantes dentro de um arquivo. Definimos "redundância" como uma seqüência de três ou mais dos mesmos bytes. Tomemos, por exemplo, cinco ocorrências da letra "j", que em ASCII é 74 74 74 74 74. Um algoritmo de compactação substituiria a seqüência por apenas um "j", contaria quantos js precisam ser postos de volta para reconstruir o arquivo, e expressaria isso como 74 05. Quando o software de descompactação encontra essa seqüência, percebe que deve repor a seqüência 74 05 com cinco bytes de 74.

"estamos com os preços bem reduzidos hoje, senhora"

O QUE OS MODEMS ENTENDEM

★ A maioria dos modems é hoje controlada por meio de uma simples linguagem de programação. No início, os modems usavam linguagens incompatíveis de fabricação, mas seus fabricantes logo concordavam com um padrão: a linguagem de comando Hayes.

é um modem muito sabido

o modem inteligente

"ATENÇÃO, POR FAVOR!"

★ A empresa americana D. C. Hayes & Cia. é uma fabricante de modem como qualquer outra. ***Mas diferentemente das outras, sua elegante linguagem de controle de modem foi pioneira no conceito de modems inteligentes***, capazes de serem controlados automaticamente por um computador remoto. Seu sucesso subseqüente no mercado levou os demais a adotar a linguagem Hayes para modems, tornando-os instantaneamente compatíveis com o popular software de comunicações.

★ Hoje, quase todos os modems usam no mínimo uma subsérie de comandos Hayes. A linguagem é conhecida como SÉRIE DE COMANDOS AT, pois seu comando central é "AT", para "atenção" (ou seja, "Modem, sua atenção!").

CADEIA DE COMANDO

★ As letras AT são suplementadas por uma variedade de comandos de uma única letra que podem ser combinados com caracteres de controle como &, % e \ para criar seqüências de

PALAVRAS-CHAVE

CCITT:
comitê International Telecommunications Union.

FIRMWARE:
um programa de computador armazenado em um chip.

ok, turma, atenção

o at para o comando “atenção” é o mais básico no léxico de modems Hayes

“eu gostaria de ser inteligente”

comando. Para fazer o modem discar um número, por exemplo, você dá o comando ATDT 1234 9876 (no qual AT significa atenção, D significa discar, e T significa discagem de tom). Pode-se substituir o P por discagem de pulso; ou omitir o P ou o T, e nesse caso o modem discará usando o método de partida programado em seu software (hoje em dia quase sempre discagem de tom).

“atenção, você fala hayes?”

VOCÊ FALA HAYES?

Aqui estão algumas das instruções mais comuns na Série de Comandos AT:

AT	Atenção
ATA	Responder (answer)
ATDn	Discar número n (usada com T ou P para discagem de tom e pulso, respectivamente)
ATE1	Ecoar os caracteres localmente
ATE0	Suprimir eco
ATH0	Desligar (hang up)
ATH1	Ficar online
ATM0	Desativar alto-falante do modem
ATM1	Ativar alto-falante durante o processo de conexão
ATM2	Ativar alto-falante
ATZ	Reiniciar modem
+++	Esc (fim da presente transmissão)

eu adoro uma história serial

SERIAL EM 232 PARTES

★ Um modem externo é conectado usando uma porta de computador padronizada I/O, também conhecida como porta RS232 ou porta serial, e às vezes ainda pela sua designação CCITT, V24. Em comunicações seriais, é passado um bit após o outro por uma única "linha". Em comparação, numa comunicação paralela (como o "padrão" Centronics para impressoras), inúmeros bits são transmitidos ao mesmo tempo por linhas paralelas. Embora as comunicações seriais sejam muitas vezes mais vagarosas do que comunicações paralelas, elas são mais baratas de se implementar e mais estáveis em longas distâncias.

é o triângulo eterno

três linhas são necessárias para estabelecer uma ligação serial

TRIÂNGULO ETERNO

★ *Apenas três linhas são necessárias para estabelecer uma ligação serial* – transmitir, receber e "terra" do sinal. Mas uma porta serial típica apresenta muitas linhas mais, para fornecer recursos extras como a habilidade de detectar um modem chamando ou um "portador" de sinal na linha telefônica etc.

VARIAÇÕES SOBRE UM TEMA

★ Muitos computadores apresentam variações sobre o tema RS232. Alguns, como um Macintosh da Apple, utiliza conectores

JARGÃO DO MODEM

Modems externos muitas vezes apresentam alguns LEDs que indicam os vários estados no processo de transmissão. Embora em geral estejam rotulados, as abreviações raramente fazem algum sentido para os novatos. Mesmo assim, esses indicadores podem ser de grande ajuda na hora em que você estiver tentando resolver um problema.

MR: Modem Ready. Ativado quando o modem está ligado e pronto para receber instruções do computador remoto.
CD: Carrier Detect. Ativado quando o modem detectou um sinal proveniente de um computador/modem remoto.
TD/TX. Ativado quando o modem está transmitindo dados.
RD/RX. Ativado quando o modem está recebendo dados.
OH: Off Hook. Ativado quando o modem "atende" a chamada telefônica e está pronto para discar um número e estabelecer comunicações.
HS: High Speed. Ativado quando o modem está operando a velocidades maiores do que 4.800 bps.
AA: Auto Answer. Ativado quando o modem está pronto para receber as chamadas automaticamente (quando está sendo usado para fornecer energia a um quadro de avisos pessoal, por exemplo).

diferentes; outros usam o RS432, uma versão atualizada do RS232; e outros, ainda, têm suas próprias portas seriais híbridas. Uma variação comum é oferecer sinais TTL (5V), em vez dos sinais RS232 cheios de 12V.

os portadores levam comunicações de computador

FAZENDO CONEXÕES

★ ***O conector padrão para comunicações seriais é de 25 pinos do tipo D***, e ele ainda é utilizado quase exclusivamente em modems externos. Contudo, a maioria dos PCs atuais tem um conector de 9 pinos (adotado inicialmente pelo computador PC-AT da IBM). Esse conector de 9 pinos oferece uma subsérie do padrão RS232 que é adequada para a maioria das situações do dia-a-dia.

PALAVRAS-CHAVE

PORTADOR: sinal básico usado – literalmente – para carregar uma mensagem.

TERRA DO SINAL: uma conexão terra usada como referência para medir um sinal.

CAPÍTULO 6

ONLINE COM O MUNDO

é mesmo tão fácil assim?

★ Ler sobre a Internet é muito bom, porém mais cedo ou mais tarde você desejará fazer uma conexão e explorar a rede por si mesmo. Felizmente, a rápida evolução tanto da Net quanto dos softwares usados para explorá-la significa que não é mais necessário ser um mestre em ciência da computação para ficar online.

"mal posso esperar para cair no mundo!"

ABERTO PARA REFORMA

Quando o PC foi lançado, sua "arquitetura aberta" deflagrou uma mini-revolução na informática. Numa época em que os fabricantes selavam cada vez mais hermeticamente suas máquinas, e o medo de invalidar a garantia desencorajava os proprietários a mexer dentro delas, o computador pessoal da IBM fez nascer o estímulo de adicionar partes de terceiros.

NA LINHA

★ *Para ficar online, você precisa de uma conta com um provedor de Internet, um computador com o software apropriado, uma linha de telefone e um modem*. Com isso e uma hora ou duas a sua disposição, você pode se conectar com a Net.

QUAL COMPUTADOR?

★ Para quem ainda não adquiriu um computador, há inúmeras escolhas. Há oferta de PCs em todos os tamanhos, formas e configurações concebíveis. Para Macs, o leque de opções está sempre mudando, com cada modelo mais impressionante do que o outro. E você pode encontrar incontáveis marcas de computadores, todos quase inteiramente INCOMPATÍVEIS entre si, de segund mão. Para usar a Internet, qual será sua escolha?

★ Embora haja computadores com especificações reconhecidamente melhores, o ubíquo PC da IBM e seus similares têm sido há tempos a primeira escolha para virtualmente qualquer aplicação, por várias razões.

* Introduzido no início da década de 80 quando a IBM entrou no mercado de computadores domésticos, o PC se beneficiou de sua arquitetura aberta. Era simples instalar hardwares periféricos, conectando-os dentro da máquina, e esse upgrade fácil a preservava da obsolescência.

há uma impressionante variedade de computadores à venda

* O PC da IBM rapidamente DOMINOU o mercado. Os compradores empresariais que buscavam computadores de mesa compravam PCs aos montes. A base instalada de usuários resultante levou cada vez mais os fabricantes de softwares a desenvolvem produtos para dar suporte à máquina, o que levou mais pessoas a comprá-la, e assim o ciclo continuou.

PALAVRA-CHAVE

SOFTWARE DO SISTEMA: (também chamado de sistema operacional, ou OS) o programa que controla a operação de um computador no "nível do sistema" – seus acionadores de disco, apresentação de tela etc.

Doppelgangers

Com o advento da clonagem do PC – computadores mais baratos feitos por outros fabricantes que funcionavam como o PC, eram operados da mesma forma e rodavam o mesmo programa – o domínio mundial do mercado de computadores de mesa estava a um clique de mouse de acabar.

Escolha desigual

Hoje, o PC ainda é a primeira escolha para aqueles que desejam comprar um computador. Se você quiser adquirir um com vistas à Internet, a variedade de softwares compatíveis e periféricos de hardware baratos, aliada ao suporte completo da Internet, é determinante para uma conexão fácil e um manuseio simples.

O MAC E OS OUTROS

★ Ao contrário do PC, o computador Macintosh da Apple foi projetado com um sistema operacional aponte-e-clique desde o início – na verdade, foi seu principal ponto de comercialização. Embora inacreditavelmente caro ao ser lançado, o Mac gradualmente tornou-se mais barato conforme competia com o PC por um mercado cada vez mais acirrado, acabando por conseguir conquistar compradores tanto domésticos como empresariais.

PALAVRA-CHAVE

INTERFACE DE COMANDO POR LINHA: sistema operacional controlado por instruções no teclado.

FÁCIL OU DIFÍCIL

Embora o processo de entrar online seja ainda muito ajustado para PCs, os proprietários de Macs mais recentes também acharão a operação bastante fácil. Para os demais (proprietários de Ataris ST, Commodore Amiga, computadores Acorn etc.), ficar online pode ser uma experiência bem complicada – mas não impossível, e os proprietários dessas máquinas não devem ser desencorajados a tentar.

os computadores se tornaram comuns

O ATARI E O RESTO

★ *O Macintosh veio para dominar o mercado de publicidade e impressão*, cujo front-end GUI (aponte-e-clique) – numa época em que todas as outras máquinas usavam uma interface de comando por linha – tornava a página da tela organizada e fácil de usar.

★ Quando a informática realmente ganhou impulso nos lares e empresas, na década de

80, muitos fabricantes ofereceram computadores ao público consumidor, e alguns ganharam imensa popularidade. O Commodore Amiga, o ST da Atari, o Acorn Archimedes e alguns outros usavam sistemas operacionais próprios, com FRONT-ENDS GUI que pareceram, por algum tempo, desafiar o domínio do PC.

pequenos grupos de entusiastas mantém máquinas antigas online

★ Com a exceção de pequenos grupos de entusiastas irredutíveis, todas essas máquinas praticamente desapareceram de vista, embora o Acorn Archimedes ainda seja popular em algumas escolas e colégios. Contudo, o Amiga, o Archimedes e o ST podem perfeitamente ser conectados à Internet.

★ E precedendo até mesmo essas hoje ultrapassadas peças de silício estavam os computadores domésticos de 8 bits, muitos dos quais contam até hoje com leais grupos de seguidores. Os melhores fazem parte da geração de ATARI DE 8 BITS – computadores reais, com um autêntico sistema operacional e inúmeros periféricos. Você pode usá-los para se conectar à Internet, embora a experiência não vá ser tão excitante quanto surfar com PCs ou Macs de última geração. Mas ao contrário destes, os Ataris de 8 bits podem ser adquiridos por uma bagatela junto ao comércio eletrônico de usados, e os softwares para fazê-los funcionar são encontrados gratuitamente na Internet (peça a algum amigo já conectado para fazer o download deles para você).

CONEXÃO HISTÓRICA

Acredite! É possível conectar um antigo computador Atari de 8 bits à Net. Mas se você já possui um ou pretende obter um funcionando e bem barato, cheque a home page do Projeto ICE de Ken Siders (URL à página 189), para conseguir software gratuito.

“é espantoso o que fazíamos com nosso Atari de 8 bits”

que pechincha

desenterre uma máquina e vamos lá!

ADQUIRINDO SOFTWARE

★ Seja qual for o computador de sua escolha, você precisará de um software adequado para conectá-lo à Internet. Os novos PCs invariavelmente vêm com Windows e, tanto o Windows 95 como o 98, contam com um pacote de programas para a Internet que lida com todos os aspectos da conexão. Os Macs também são bem supridos, com softwares para Internet comerciais ou em shareware.

SUPORTE PARA VELHARIAS

Os entusiastas de computadores mais antigos ou alternativos encontrarão inúmeros sites de apoio na Internet, onde fãs se reúnem em grupos de resistência, devotados a manter suas máquinas vivas.

PEGANDO NA NET

★ *Localizar softwares para outros computadores é possível, mas exige um pouquinho mais de esforço*. Paradoxalmente, a própria Internet é o melhor lugar para procurar por programas adequados – e isso pode ser feito tanto pedindo a um amigo já conectado para fazer o download deles, como usando a conexão do trabalho, da escola ou da faculdade, ou talvez uma visita a um cibercafé (ver página 184). Você necessitará de algum tipo de dispositivo de armazenagem (como um drive Iomega Zip ou Syquest) a fim de transferir o software para seu computador.

é uma pechincha, senhora

há uma infinidade de pechinchas de hardware e software à disposição

PECHINCHAS A GRANEL

★ Com pouco dinheiro no bolso e muita vontade de se conectar, um computador de SEGUNDA MÃO é a solução. O incessante avanço na tecnologia de hardware de computador se traduz em baixa expectativa de vida para muitas máquinas, tornadas rapidamente descartáveis com os upgrades feitos pelos donos. Elas podem ser adquiridas a baixo custo em lojas de usados, encontradas em anúncios de jornal, feiras de caridade e até em AMBULANTES.

você pode se conectar a qualquer hora, de qualquer lugar, com um palmtop nas mãos

★ PCs ENCOSTADOS pela última geração de equipamentos representam uma excelente oportunidade para a compra de usados. PCs muito antigos – com processador Intel 8088 ou 8086 – podem ser adquiridos por pouco dinheiro, ou até de graça, quando amigos, conhecidos e parentes resolvem se desfazer deles. Mesmo esse silício da Idade Média pode ser posto para funcionar e acessar a Internet.

"estou louca para conseguir um palmtop"

PALMTOPS

Assim como todo tipo de computadores de mesa e laptops, toda uma geração de computadores de bolso foi desenvolvida nos últimos cinco anos ou mais. No início pouco mais do que agendas eletrônicas, essas máquinas evoluíram a ponto de funcionar muito bem para acessar e-mails, freqüentar grupos de notícias e até surfar na Web, tudo com as conveniências que o tamanho reduzido pode proporcionar. Com um celular, você pode acessar a Internet de onde quer que esteja – até mesmo da praia!

dá para ficar online com alguns trocados

ESCOLHENDO O PROVEDOR

★ O tipo de provedor que você vai escolher depende de quanto espera gastar com uma conta, se prefere ter tudo na mão, se deseja ou não censura etc.

fique online no supermercado

TAXAS DE INSCRIÇÃO

★ Serviços como CompuServe e AOL (também chamados de provedores de conteúdo) combinam informação, compras e similares de quadros de avisos, com jogos online, assistência técnica e uma PORTA para a Internet, pela qual podem cobrar de seus clientes uma inscrição e/ou uma taxa mensal para utilização. Em geral, há um período fixo de tempo de acesso à Internet incluído na assinatura (digamos, 10 horas por mês), após o qual o usuário

um bom provedor pode poupar seu dinheiro

POUPANDO DINHEIRO

Quando você tiver um computador, um modem e um software adequado em sua mesa, tudo que precisará para se conectar é de uma conta com um provedor. Existem provedores para todos os gostos. Alguns oferecem o acesso direto à Net como sua função principal; outros, como AOL e CompuServe, evoluíram a partir de gigantescos quadros de avisos de acesso público; e um número cada vez maior de organizações, como supermercados e bancos, fornecem conexão à Internet como serviço adicional.

"obrigado por seu serviço adicional gratuito"

paga uma taxa para cada unidade de tempo extra online. Obviamente, isso pode se revelar caro se você usa regularmente a Internet, e é melhor pensar se esses serviços com taxa adicional valem a pena.

fique de olho em contas absurdas

LIVRE PARA NAVEGAR

* Na outra ponta do espectro estão provedores de acesso gratuitos para usuários domésticos – não se pagam nem taxas de inscrição, nem mensalidades. Na verdade, a única coisa a ser paga é a conta de telefone.
* No entanto, quando chega a hora de pedir assistência técnica, uma conexão gratuita com a Internet pode sair CARA. Alguns provedores gratuitos não oferecem suporte técnico, outros cobram por ele. Não é isso que vai fazer você desistir, pois uma conexão com a Internet raramente apresenta algum tipo de problema e, quando ela começa a funcionar satisfatoriamente, você não sentirá muita falta de aconselhamento técnico. De todo modo, fique atento!

PAGUE SE USAR

* Situado entre os provedores de conteúdo e os provedores só de acesso, sejam pagos ou gratuitos, há contas de provedor pelas quais você paga apenas a inscrição, em troca da qual recebe acesso ilimitado à Internet e assistência técnica grátis ou relativamente barata.

QUANTO CUSTA TELEFONAR?

Seja para onde for que você viaje no ciberespaço, os custos de telefone estarão baseados nas tarifas locais. Se seu provedor possui um código de acesso local, você pagará as tarifas locais, quer esteja acessando uma página da Web da rua da frente ou do outro lado do mundo. Observe que os modems mais velozes transmitem dados mais rapidamente, reduzindo o período online e, assim, diminuindo as contas de telefone.

você pegou a mensagem?

O MODEM E A MENSAGEM

★ Os computadores não podem se comunicar diretamente pelo telefone. Como vimos no Capítulo 5, para fazer isso eles necessitam um hardware de interface chamado modem, que traduz dados em uma forma apropriada para transmissão via linhas de telefone domésticas.

os modems manipulam as conexões entre máquinas

compras por computador ajudam se você pedir

GRANDE AJUDA

Qualquer cidade pequena hoje conta com uma loja de informática e assistentes capazes de montar e instalar um modem por preço reduzido.

placas PCMCIA são quase do tamanho de um cartão de crédito

É SÓ CONECTAR

★ Um modem externo é conectado à porta serial do computador por meio de um cabo serial (também chamado cabo RS232).

★ Os modems internos se parecem e comportam-se da mesma forma que uma placa de expansão de PC, como uma placa de som ou uma placa de gráficos em 3-D. Elas são instaladas na máquina exatamente da mesma maneira, localizando um SLOT DE EXPANSÃO livre e conectando a placa nele.

PLACAS PCMCIA

★ Assim como modems internos e externos, existem hoje placas PCMCIA. *Elas são mais ou menos do tamanho de um cartão de crédito e foram desenvolvidas para o uso com computadores portáteis e similares, mas podem ser utilizadas em máquinas de mesa, equipadas com um slot PCMCIA.*

UM BARATO OU O MAIS BARATO?

★ O desempenho de um modem é determinado pela velocidade com que ele transmite dados – seu fluxo de bauds (ver páginas 156-57). Os modems mais modernos, disponíveis para linhas de telefone normais, conectam-se entre 33K e 56K, mas existem também modems de 28,8K e 14,4K. Embora sejam tidos como obsoletos, podem ser encontrados a preços módicos e se adaptam à necessidade de quem conta com poucos recursos financeiros.

"Estou duro"

rapidez maior significa contas menores no mundo do modem

HORA DE TESTE

Você pode testar um modem de PC rodando um software, que vem no Windows chamado HyperTerminal (Iniciar, Programas, Acessórios, Comunicações, HyperTerminal). Abra o programa, então digite "teste" na caixa de diálogo Nova Conexão, e clique em OK. Usando a lista de pop-up, escolha o modem que você instalou e clique em OK. Agora digite "AT" e aperte Enter ("AT" é o comando para "Atenção!" da ubíqua linguagem de comando de modems de Hayes). Se tudo estiver correto, o modem responderá "OK".

56KFLEX V.X2

★ ***Assim como o padrão V90, dois protocolos próprios*** foram projetados para atingir fluxos de bauds de 56K: são o 56Kflex, da Rockwell, e o X2, da US Robotics. A maioria dos provedores SUPORTA AMBOS os protocolos. Os modems com uma ou outra tecnologia se conectam e fazem o upload em 33,6K e o download em 56K.

CONEXÃO DIAL-UP COM O WINDOWS

★ O Windows 95 e o 98 tornam a conexão com a Internet muito fácil, e há apenas pequenas variações entre os dois. Você utiliza o Wizard do Windows para chamar a rede e dizer ao sistema operacional que tipo de conexão quer fazer, e o resto ocorre automaticamente. Eis aqui como fazer.

faça a conexão dial-up com o Wizard do windows

SOFTWARE ESSENCIAL

Dois níveis de software são necessários para se conectar e utilizar a Internet. Um software de transporte como o TCP/IP (ver páginas 34-35) estabelece a conexão e opera a transferência dos pacotes de informação, enquanto os softwares aplicativos se sobrepõem ao software de transporte e possibilitam a você surfar na Web, enviar e-mail e acessar outros serviços da Net.

1º PASSO

★ *Clique duas vezes em Meu Computador* e duas vezes em Acesso à Rede Dial-Up. Clique duas vezes no ícone FAZER NOVA CONEXÃO. Escreva o nome de seu provedor no campo Nome do Computador e escolha seu modem da lista (provavelmente ele já vai estar selecionado). Clique em Avançar. Digite o número de telefone de seu provedor no campo indicado. Clique Avançar outra vez, e o computador criará um novo ícone de Rede Dial-Up com o nome de seu serviço.

digite o nome de seu provedor e escolha seu modem da lista

★ Agora clique com o botão direito do mouse no ícone recém-criado e selecione Propriedades. Clique na etiqueta de Tipos de Servidor e selecione PPP no campo Tipo de Servidor Dial-Up. Clique nas configurações de TCP/IP em Protocolos de Rede Permitidos, na caixa de diálogo. Verifique se nenhum outro item foi clicado. Clique nas Configurações de TCP/IP e selecione suas opções de endereço de IP, seguindo as instruções dadas a você pelo seu provedor. Se ele lhe fornecer números de DNS principal e secundário, escreva-os nos locais apropriados e clique em Restabelecer Gateway. CLIQUE OK, depois OK outra vez.

2º PASSO

★ ***O Windows agora está configurado para se conectar com seu provedor***. Dê um clique duplo no ícone que você acaba de configurar para sua conexão dial-up. Digite seu nome de usuário e sua senha (que foi escolhida por você e aprovada por seu ISP) nos campos apropriados, então clique em Conectar.

★ O computador irá discar para o provedor e estabelecer uma conexão. Se tudo for bem, você verá a caixa de diálogo da conexão com o provedor. Ela mostra uma contagem de seu tempo online e a velocidade de sua conexão (que não pode ser a velocidade máxima de seu modem se a linha telefônica apresenta ruído ou há outros problemas). ***Agora você pode usar os programas de Internet***, como o navegador de Web, clientes FTP e IRC etc.

o Wizard lhe mostrará como se conectar

QUESTÕES DO WIZARD

Quando você roda o Internet Explorer e o Outlook Express pela primeira vez, o Wizard lhe pedirá algumas informações básicas, como seu endereço de e-mail e o endereço do servidor de notícias de seu provedor.

não é tão difícil se você ler as instruções

CONEXÃO COM O WINDOWS 3.X

★ PCs que rodam o Windows 3.x podem ser conectados à Net – mas ao contrário de máquinas com a última versão do Windows, o 3.x não vem com o software Winsock TCP/IP. Felizmente, há um monte de versões em shareware disponíveis.

o Trumpet Winsock é do barulho

ALTO E CLARO

★ *Um dos melhores utilitários de TCP/IP em shareware é o Trumpet Winsock* (você pode instalá-lo e usá-lo como teste, grátis, por algum tempo; depois, se decidir continuar com o programa, deve pagar uma taxa).

★ O Trumpet Winsock é fácil de instalar. Ele chega até você pelo seu provedor como parte de um pacote abrangente, com um instalador automático que descompacta o software e o instala nas pastas corretas. Mais usualmente, o Trumpet é enviado como um SELF-EXTRACTING ARCHIVE (SEA) acompanhando outros utilitários. Se foi assim que você o recebeu, veja como usá-lo.

UTILITÁRIOS TCP/IP

Os computadores com Windows usam um stack de TCP/IP chamado Winsock que também trabalha com a conexão SLIP ou PPP para seu provedor (ver página 85). Os Windows 95 e 98 vêm com Rede de Dial-Up, o próprio stack de TCP/IP e utilitário PPP da Microsoft. Os usuários de Windows 3.x precisarão de um dos muitos sharewares de utilitários Winsock, como o Trumpet ou o Chameleon.

o Trumpet Winsock é fácil de instalar

TROMPETISTA

★ Crie um diretório chamado Trumpet, copie o Trumpet SEA e, então, o inicie. Dos arquivos descompactados, mova o WINSOCK.DLL para o sistema de diretório do Windows. Instale TCPMAN.EXE como ícone no grupo de Arquivos de Programas.

★ Clique no ícone TCPMAN nos Arquivos de Programas e selecione INSTALAR do menu Arquivos. No campo Nome do Servidor da caixa de diálogos de Configuração da Rede, digite o número de DNS principal fornecido por seu provedor; no campo Sufixo do Domínio, digite o nome de domínio de seu provedor.

velocidade dupla 1, 2, 3, 4

entre com o dobro da velocidade do fluxo de bauds de seu modem

★ Deixe o endereço IP com 0.0.0.0, clique a caixa de SLIP Interno, e ponha no número de Porta SLIP o número da porta COM que você usou para conectar o modem (provavelmente 1, 2 ou 3, dependendo de onde seu mouse estiver ligado e se seu modem é externo ou interno). Escreva no campo Fluxo de Bauds o dobro da velocidade de seu modem, então CLIQUE OK.

eu me conecto com o Windows 3.x

CONECTANDO-SE COM O TRUMPET WINSOCK

Para se conectar com seu provedor, abra o menu do Discador e selecione Login. A menos que você crie um Script de Login (Discador, Editar, Scripts) para automatizar o procedimento, o número do telefone para discagem será solicitado, depois seu nome de usuário e senha. Se tudo der certo, a máquina chamará seu provedor e o conectará à Internet, quando você então poderá minimizar a janela do TCPMAN (mas não a feche!) e abrir seu navegador ou programa de e-mail, ou outro aplicativo para Internet. Quando acabar, maximize a janela do TCPMAN, role o menu do Discador e selecione Sair para finalizar a conexão.

CONEXÃO COM UM VELHO PC

★ Embora ficar online com a última palavra em PCs seja bem mais fácil, e uma experiência muito mais emocionante, há inúmeras máquinas antigas da IBM e similares espalhadas pela siliciolândia, disponíveis por alguns trocados e capazes ainda de lhe dar os instrumentos necessários para surfar.

dá certo desencavar uma máquina antiga

TESOURO DESENTERRADO

Com um velho PC 8086 e um modem de 2.400 bauds (tesouros que são lixo para quem não sabe) e uma cópia do Net-Tamer, você pode se conectar, surfar na Web, enviar e-mails, espreitar os recônditos mais ocultos de notícias na Net e baixar arquivos via FTP, tudo com um mínimo de investimento financeiro.

transforme arruelas de ferro em dobrões de ouro

VEÍCULOS ANTIGOS

★ *O predecessor do PC equipado com Pentium foi o 486*, uma máquina poderosa capaz – na época em que isto foi escrito, pelo menos – de rodar o mais novo software de Windows.

★ Antes do 486, houve o 386, o PC mais rápido que se poderia obter há dez anos. E antes do 386, houve o 286 (conhecido como PC "AT"); e antes do 286, ou PC 8086, ou XT padrão. Acredite ou não, mesmo essas máquinas antiquadas podem ser utilizadas par se conectar à Internet com softwares gratuitos e uma dose de habilidade.

★ Esses dois tipos de PCs, o 286 e o 8086, exigem um programa especial ou alternativo. Os demais, contudo, podem utilizar WINSOCKS E CLIENTES "padrão".

AS MARAVILHAS DO NET-TAMER

★ Embora haja muitas possibilidades, uma escolha excelente para computadores equipados com uma CPU fraca é o NET-TAMER, um incrível pacote de programas em shareware que manuseia não só todos os aspectos da conexão com a Net, TCP/IP e PPP, como também roda navegador de Web, correio, FTP, Telnet e um leitor de notícias da Usenet. O Net-Tamer opera com uma resolução de tela VESA de 800 x 600, em uma máquina 386, ou como um programa de somente texto no PC, baseado no DOS mais rudimentar possível – até mesmo um que seja equipado com nada mais do que um drive de disquete.

★ O programa é enviado como arquivo self extracting e pode ser obtido em inúmeros sites na Net (cheque a lista de Web sites nas páginas 188-89 para o melhor lugar).

★ *A instalação é fácil*. Abra o arquivo e rode o programa READER.EXE no prompt do DOS. Um menu é mostrado, de onde você pode personalizar o programa para se adaptar aos detalhes de sua conta – números de DNS principal e secundário, nome e senha de usuário, nome de domínio, POP3 e servidores de correio SMTP etc. Tudo isso é fichinha para quem absorveu a primeira parte deste capítulo.

PALAVRAS-CHAVE

CPU:
Central Processing Unit, o chip "cérebro" eletrônico dentro do computador (CPU também é usada para designar a "caixa" principal de um sistema de três partes, que compreende o monitor, o computador e o teclado).

ARQUIVO SELF-EXTRACTING:
arquivo criado com software de arquivos que abre exatamente como um programa normal, descompactando seus componentes no processo.

Net-Tamer, o domador da rede

CONEXÃO COM UM APPLE

*** O Macintosh exige duas peças de software para estabelecer uma conexão com a Internet: um utilitário TCP/IP e um software para discar uma ligação PPP.**

"maçã todo dia teria ajudado"

Sistemas de transporte

Até haver um software de TCP/IP próprio da Apple, o System 7.5, o MacTCP era combinado com um software gratuito ou um shareware PPP cliente, como o FreePPP. Com o System 7.5 e o lançamento de sistemas subseqüentes, a Apple inseriu uma versão atualizada do MacTCP chamada Transporte Aberto, junto com sua própria unidade de PPP, chamada ConfigPPP. Finalmente, com o System 8 (ou OS8) a empresa projetou um utilitário que automatiza o procedimento de configuração de Internet muito similarmente ao Dial-Up Network Wizard do Windows.

CONEXÃO COM O OS8

* *Para quem tem o OS8, o processo de se conectar é essencialmente simples.*

* O primeiro passo é localizar a pasta de Assistants no disco rígido, abri-la e clicar duas vezes no ícone de Internet Setup Assistant. Quando a caixa de diálogo aparecer, clique em Update para criar uma nova conta de provedor, então clique a seta para a direita e vá ao estágio seguinte.

* Na segunda tela, clique no botão Add Internet Configuration e clique na seta para a direita.

* Na terceira tela, digite um nome apropriado para a nova conta no campo fornecido (nome do provedor, por exemplo) e clique no botão Modem na parte de baixo da caixa de diálogo. Clique na seta para a direita.

* Na quarta tela, escolha seu modem da lista fornecida. Selecione a porta do modem da lista pop-up abaixo, então clique o botão de Tom (a menos que sua rede telefônica ainda utilize discagem de pulso). Clique na seta da direita.

* Quando aparecer a quinta tela, digite o número de telefone de seu provedor, seu nome de usuário e senha (tudo isso será confirmado pelo seu provedor quando você tiver uma conta).

* Vá para a sexta tela e cheque o botão apropriado (que quase sempre será o de "Não"). Então clique na seta da direita.

★ Na sétima tela, escreva os números de DNS principal e secundário fornecidos pelo seu provedor. Ignore o campo de Nome de Domínio opcional.

★ Agora é a vez da tela oito: ponha seu endereço de e-mail e senha de e-mail (que provavelmente será a mesma do logon).

★ Na nona tela, escreva os nomes de contas SMTP e POP3 do serviço de correio de seu provedor – ambos provavelmente serão os mesmos e se parecerão com algo como mail@sixty3ink.co.uk. Na tela dez, digite o endereço do servidor de notícias do provedor.

★ ***Finalmente, na tela onze, clique em Go Ahead*** para completar o procedimento de instalação.

★ Se você deseja que a máquina estabeleça imediatamente uma conexão com a Internet, clique no item CONNECT WHEN FINISHED.

MODEMS DE MAC

Compre um modem comercializado especificamente para o Mac. Embora o próprio aparelho seja exatamente o mesmo (muitas vezes, mais barato) que um modem externo de PC, apenas a versão para Mac vem com cabo serial Mac.

PROBLEMAS?

Se as coisas não estão dando certo, redigite sua senha (é fácil cometer um erro de digitação). Tente também Pulso em vez de discagem de Tom. Certifique-se de que todos os nomes de contas e de usuário tenham sido digitados corretamente. Se tudo der errado, ligue para o suporte do provedor – principalmente se ele oferece um serviço gratuito ou barato. É para isso que eles estão lá.

"já sei, vou ligar para o suporte técnico!"

CONEXÃO COM UM ANTIGO APPLE

★ Proprietários de Apple com versões antigas do sistema precisarão instalar os meios de acesso à Internet manualmente – mas isso não é tão difícil quanto se pode imaginar.

FreePPP se descompacta sozinho

1º PASSO

★ *O primeiro passo é se certificar de que o computador está equipado com o MacTCP* (ou o mais recente Open Transport) e um cliente PPP como o FreePPP (ou o próprio ConfigPPP da Apple). Tudo que se relaciona a esse software é gratuito e deverá vir com seu computador ou seu provedor, quando você tiver uma conta de Internet. Se não, contate seu provedor.

★ Localize o cliente PPP e clique em seu ícone de instalação. O exemplo dado aqui usa FreePPP, mas o ConfigPPP é muito similar.

2º PASSO

★ O FreePPP se descompacta automaticamente dentro da extensão de sistema correta e pastas do painel de controle. Ele também coloca um ícone no lado superior direito de sua tela, na barra de menu. Clique no ícone da barra de menu e selecione Open FreePPP Setup. Quando abrir uma caixa de diálogo, ela pode se expandir ou não. Caso não, você precisa clicar no trinco para que ela se expanda.

★ Clique no botão Modem Setup e, nessa caixa de diálogo, selecione a porta à qual seu modem está conectado; clique o botão de tom e certifique-se de que os itens Speaker On e Hangup After Disconnect estejam marcados. Clique OK.

CONEXÃO COM O FREEPPP

Para iniciar e estabelecer uma conexão com um FreePPP, selecione Open FreePPP Connection, de seu ícone na barra de menu. Ou, simplesmente abra um navegador de Web, um cliente de e-mail ou outro aplicativo de Internet, e a conexão FreePPP iniciará automaticamente. O FreePPP registra o progresso da conexão assim que ela inicia o modem, disca para o provedor e fornece seu nome de usuário e senha.

Volte para as opções gerais, clique em Allow Applications para o item Open Connection.

* Agora clique na etiqueta de Accounts e clique em New. Entre com o nome do provedor e número do telefone, além de seu nome de usuário e senha pessoal. Clique na etiqueta de Connection, e selecione 115.200 bps para velocidade de conexão e RTS/CTS para controle de fluxo.

* Agora, clique na etiqueta das Options e escreva os números de DNS principal e secundário, fornecidos pelo seu provedor. Certifique-se de que o botão IP dizendo Provided by the PPP Server esteja marcado. Clique em OK.

* Agora use o trinco para fechar a caixa de diálogo. Se ela ainda não estiver exibindo, selecione o nome da conta que você acaba de instalar da lista pop-up de Connect To. Finalmente, feche o menu de arquivo e selecione Quit.

3º PASSO

* Do menu Apple, selecione Control Panels. Quando a janela do painel de controle aparecer, dê um clique duplo no ícone MacTCP. Verifique se o ícone FreePPP está selecionado; caso não esteja, clique sobre ele. Agora clique em More.

* Na seção Obtain Address, clique no botão Server. Escreva o nome de domínio do seu provedor (p. ex., wimpleware.co.uk) no campo Domain, e o número de DNS principal no campo de endereço de servidor à sua direita. Escreva o mesmo nome de domínio sob esses dois, então o número de DNS secundário. Clique em OK, depois novamente OK. Agora dê um RESTART NO MAC.

aproveite sua maçã

a Apple usa software grátis da internet

DUPLICANDO

Escreva uma velocidade que seja o dobro do fluxo de bauds de seu modem. Os modems usam correção de erro e compactação de dados para comprimir mais dados em uma conexão.

clique no botão do servidor

sempre reinicie o Mac após configurá-lo

SE VOCÊ AINDA NÃO TEM COMPUTADOR

★ Caso você ainda não tenha um computador, nem esperança de comprar um, ainda assim é possível se conectar. Quando o acesso público à Internet começou a se tornar uma bola de neve, em meados dos anos 90, os cibercafés começaram a surgir. Esses bares, que no mais são como qualquer outro, oferecem conexão em computadores espalhados pelo café. Você entra, paga uma taxa ínfima e vai surfar na Net.

uma das vantagens de ir à escola é o tempo de acesso livre à Internet

De volta à escola

Se você for estudante, certamente será capaz de obter acesso livre à Internet por meio de um centro de informática de sua escola, mesmo que seu curso não tenha computação no currículo. Hoje, muitas escolas têm pelo menos uma conexão, embora para ter acesso a ela você tenha de enfrentar os "garotões" acessando sites de pornografia ou baixando instruções para combater o ataque letal e instantâneo de uma praga.

OS CIBERCAFÉS

★ *Computadores incrivelmente baratos, contas de provedores e modems gratuitos, tudo isso distribuído livremente com o cereal matinal* ajudou a arrancar o plugue dos cibercafés, mas alguns deles continuam a funcionar e são uma excelente maneira de se conectar, em caso de completa falta de dinheiro.

fique numa boa no cibercafé

nem todo tipo de trabalho precisa de internet

"você devia ver o que o Silva anda mandando no e-mail"

GRANDE IRMÃO

Não esqueça de que tudo que você acessa no trabalho pode estar sendo monitorado por seus patrões (um método simples é rever suas listagens de "histórico" no navegador). O ambiente de trabalho certamente não é o melhor lugar para inscrever-se em sites de sexo ou para enviar múltiplos e-mails oferecendo seus serviços para competidores do mesmo ramo.

OUTRAS OPÇÕES

★ ***Muitas bibliotecas públicas oferecem serviço semelhante***. Há um ou outro computador em algum canto da biblioteca, onde, por uma pequena taxa, você pode se conectar e entrar na Netopia.

★ Os empregados certamente descobrirão que seus PATRÕES têm uma conexão com a Net – mas se você terá ou não alguma chance de pôr os dedos ávidos sobre esses teclados é outra questão bem diferente. Os trabalhadores de um escritório, no entanto, não devem ter tantas dificuldades para estabelecer suas próprias conexões.

entre online na biblioteca e agite um pouco

APÊNDICE

PEGUE NA NET

★ A Internet é tão rica e diversificada que é improvável que dois usuários escolham os mesmos sites como seus favoritos, mas a lista seguinte - que vai do essencial e útil ao divertido e bizarro - pode servir como um pontapé inicial útil para seu menu de Bookmarks/Favoritos.

SOBRE A NET

★ www.access.digex.net/~ikind/babel.html

Um léxico compreensível de conversas, siglas e abreviaturas na Net.

★ www.deja.com

Arquivo completo de postagens diárias pela Usenet com recursos de perfil de autor e contas de e-mail gratuitas.

★ ftp://rtmf.mit.edu/pub/usenet-by-hyerarchy

FAQs de Usenet coletados e reunidos pelo Massachusetts Institute of Technology.

★ www.magma.com~leisen/master_list.html

Lista completa de hierarquias de Usenet.

★ cs1.presby.edu/~jtbell/usenet/newgroup/

Orientações para começar seu próprio grupo na Usenet.

★ www.liszt.com

Catálogo abrangente de listas de correspondência e canais IRC.

★ www.coolllist.com

Como começar sua própria lista de correspondência (digite o URL cuiiiidadosamente!)

★ www.funet.fi/~irc/

Documentação detalhando o conceito de IRC, com uma lista comentada de canais disponíveis.

★ www.godlike.commuds Desperta seu interesse por jogos online.

★ www.cs.okstate.edu/~jds/mudfaqs.htm

Tudo que você precisa saber para jogá-los.

★ www.virtual-voice.com Informações sobre telefonia de Internet.

LIVROS E LIVRARIAS

* **www.amazon.co.uk (e.com)** A mais popular livraria online (Reino Unido/EUA).
* **www.barnesandnoble.com** A maior livraria da Net.
* **bookshop.blackwells.co.uk** Livros acadêmicos de todo tipo.
* **www.fnac.com.br** Livros, CDs e outros produtos.
* **www.livcultura.com.br** Livros e notícias sobre literatura.
* **www.saraiva.com.br** Livros, CDs, vídeos.
* **www.siciliano.com.br** Livros, CDs.

COMPRA E VENDA

* **www.loot.co.uk** Loja no Reino Unido para qualquer coisa.
* **www.submarino.com.br**
  Loja de 700 mil produtos entre livros, CDs, DVDs, vídeos, softwares, brinquedos.
* **www.virtualbox.com.br** Vários artigos .

CULTURA ETC.

* **www.ipl.sils.umich.edu**
  A Biblioteca pública da Internet. Livros, revistas, artigos acadêmicos e mais.
* **classics.mit.edu** Arquivo indexado de textos gregos e latinos.
* **www.imdb.com** O Banco de dados de filmes na Internet.
* **www.moma.org** Museu de Arte Moderna de Nova York.
* **www.nhm.ac.uk** Museu de História Natural de Londres.
* **www.icom.org/vimp/world.html** Diretório para busca de museus na Net.
* **netvet.wustl.edu/e-zoo.htm** Zôo online.
* **www.arteplastica.com.br** Um bom lugar para procurar artes.
* **www.museuvirtual.com.br** Dedicado a artistas nacionais.
* **www.mp3clube.com.br** Música brasileira para download de graça.

E-MAIL

* **rs.internic.net/** Registre seu nome de domínio na Internet aqui.
* **www.hotmail.com** O serviço de e-mail gratuito líder da Internet.
* **www.whowhere.com**
  Encontre os endereços de amigos e parentes há muito perdidos.

MÍDIA

* **www.bbc.co.uk** BBC.
* **www.cnn.com** CNN.
* **www.guardian.co.uk** Guardian.
* **www.nytimes.com** New York Times.
* **www.folha.com.br** Folha de S. Paulo
* **www.estado.com.br** O Estado de S. Paulo.
* **www.oglobo.com.br** O Globo.

UTILIDADES GERAIS

* **www.mapquest.com** Mapas detalhados do mundo todo.
* **tycho.usno.navy.mil/** A hora corrente em qualquer lugar do mundo.
* **www.weather.yahoo.com** Clima no mundo.
* **www.calculator.com** Calculadora online para todas as ocasiões.
* **babelfish.altavista.digital.com** Tradutor de línguas instantâneo.
* **www.thesaurus.com** Abrangente léxico de alternativas online da Roget.
* **www.cybercook.com.br** Receitas apetitosas e dicas culinárias.

PRECAUÇÕES

* **www.condom.com** O maior sex-shop de camisinhas do mundo.
* **www.sosdoutor.com.br** Dedicado à saúde.

BUSCA

* **archie.hensa.ac.uk** Servidor Archie baseado no Reino Unido.
* **archie.internic.net** Idem para os EUA.
* **www.altavista.com** AltaVista.
* **www.yahoo.com** Grande mecanismo de busca, mais e-mail gratuito.
* **webcrawler.com** Mais pesquisa.
* **www.northernlight.com** Idem.

SOFTWARE

* **www.netscape.com**
  Pegue uma cópia do navegador de Web favorito do mundo todo.
* **www.microsoft.com** Home da grande rival da Netscape.
* **www.sun.comjava** Home da Java.
* **www.tucows.com** Um mundo de sharewares disponíveis para download.

* www.shareware.com Idem.
* www.pht.cominfo-mac

  Uma montanha de softwares de Mac disponíveis para download.
* www.adobe.com

  Baixe uma cópia do Acrobat Reader e ganhe acesso aos inúmeros documentos em formato PDF espalhados pela Net.
* www.eudora.com

  Site tido como o melhor software de correio disponível, tanto para PCs como para Macs.
* www.forteinc.com

  A empresa por trás do excelente Free Agent, cliente de notícias na Net para Windows, e sua versão em shareware, o Agent.
* **www.netnanny.com** Programa-filtro de pornô e violência para pais preocupados.
* **charlotte.acns.nwu.edu/jln/progs.ssi** Software de antivírus para Mac.
* **www.thunderbyte.com** Idem para PC.
* **www.quicktime.apple.com** Padrão de animação da Apple.
* **www.real.com** Download de um reprodutor de som e vídeo excelente.
* **www.winzip.com** O padrão de PC para compactação de arquivos.
* **www.alladinsys.com** Idem para o Mac.
* **www.deckard.mc.duke.edu/** Software de IRC para Mac e PC.
* **www.pgp.com** Proteja suas coisas de olhares curiosos com o Pretty Good Privacy.
* **www.pgpi.com** Home page internacional do PGP.
* **www.sausage.com** Home do editor de Web Hot Dog.
* **www.columbus.rr.com/ksiders/atari.htm**

  O desafiador software de conexão à Net para computadores Atari de 8 bits, de Ken Siders.

ESQUISITO, INCRÍVEL, ENGRAÇADO

* **www.shortbus.net/dialect.html**

  Você pode falar javanês! Traduza um dialeto para outro.
* **www.babbage.demon.co.uk/morse.html** Idem, mas em código morse.
* **www.ask-a-chick.com** O que as garotas realmente pensam.
* **www.findagrave.com** Desenterre sua celebridade morta favorita.

PARA CRIANÇAS

* **www.bananakids.com.br** Jogos, brincadeiras etc.
* **www.canalkids.com.br** Idem.
* **www.mingaudigital.com.br** Idem.

*Q

*R

*S

*T

*U

*V

*W

*X

*Z